Danach

den 25.5.2013

Für Deine

Arbeit,

als Grundlage

warm und

herzlichst

Lisa Clever

PETER SELG

Grundstein zur Zukunft

Erzengel Michael, 12. Jahrhundert

PETER SELG

Grundstein zur Zukunft

Vom Schicksal der Michael-Gemeinschaft

VERLAG DES ITA WEGMAN INSTITUTS

Die Schwierigkeiten und Probleme [der Anthroposophischen Gesellschaft] können, wenn sie nur richtig verstanden werden, das Gefühl verstärken, dass gerade heute die Anthroposophische Gesellschaft wie nichts anderes in der Welt unserer Unterstützung und unseres Schutzes bedarf. Denn seit dem Jahrtausendübergang ist der Kampf um die Zukunft der auf der Weihnachtstagung begründeten Anthroposophischen Gesellschaft – der größten Tat des Geisteslehrers – in seine entscheidende Phase eingetreten. Die Gegenmächte treten heute mit solcher Gewalt gegen diese Tat Rudolf Steiners in dem Versuch auf, diese Anthroposophische Gesellschaft mit allen Mitteln auch von innen her zu zerstören, weil sie wissen, dass sie solange unbesiegbar bleibt, als sie die Verbindung mit ihren geistigen Wurzeln wahren wird.

Sergej O. Prokofieff [1]

Erfüllet, meine Schwestern und Brüder, Eure Seelen mit der Sehnsucht nach wirklicher Geist-Erkenntnis, nach wahrer Menschenliebe, nach starkem Wollen.

Rudolf Steiner
Ansprache zur Grundsteinlegung.
Dornach, 20. September 1913 [2]

1. Auflage 2013

Gesamtgestaltung: Walter Schneider, www.schneiderdesign.net
Umschlagmotiv: Das Zweite Goetheanum in Dornach
Druck: Offizin Scheufele, Stuttgart
ISBN 978-3-905919-51-6

Inhalt

Vorwort

Hiermit lege ich auf entsprechende Bitte die Autoreferate zweier Vorträge vor, die von mir im Goetheanum im Februar dieses Jahres gehalten wurden – innerhalb der Jahrestagung der Schweizer Landesgesellschaft (zur Grundsteinlegung des Ersten Goetheanum) und innerhalb einer internationalen Konferenz, die sich mit Fragestellungen der neuen Mysterien beschäftigte (zur übersinnlichen Michael-Gemeinschaft). Beide Themen gehören zusammen oder stehen in einem inneren Verweisungszusammenhang. Auch wenn die Behandlung ihrer komplexen Sachverhalte im Rahmen eines Vortrages notwendigerweise vereinfachend sein musste, so hoffe ich doch, dass die angesprochenen, wieder in Erinnerung gerufenen Inhalte hilfreich für den Fortgang der anthroposophischen Bewegung sein können. Mein inhaltlicher Dank gilt, einmal mehr, Sergej O. Prokofieff. Ohne ihn und sein Werk wären die Vorträge nicht gehalten worden.

Ita Wegman Institut
Arlesheim, Ostern 2013 *Peter Selg*

1.

«Es walten die Übel ...» Die Grundsteinlegung vom 20. September 1913

Vortrag Dornach, 15. Februar 2013

Niemandes Hochmut möchte ich aufstacheln, aber wiederholen möchte ich doch ein Wort, das einmal gesprochen worden ist, als auch bei großer Gelegenheit die Rede davon war, was geschehen soll durch die Gemüter, die etwas aufgenommen hatten, die es hinaustragen sollten. Es wurde diesen Gemütern – auch nicht um ihren Hochmut zu erregen, sondern an ihre Demut appellierend – gesagt:

«Ihr seid das Salz der Erde.»[3]

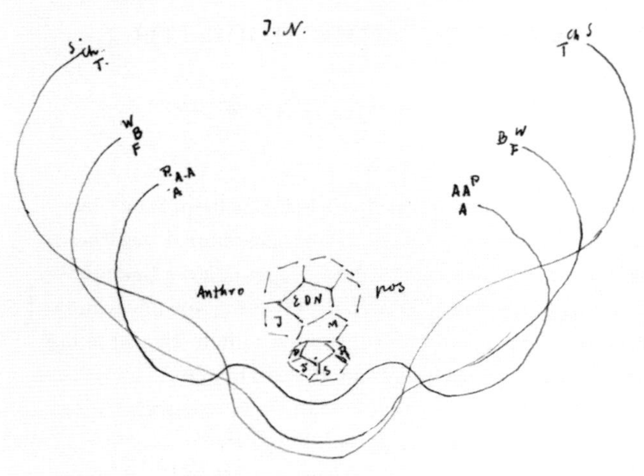

Als Eckstein unseres im Geist sich suchenden Willens, in der Weltenseele sich fühlenden Seins, im Welten-Ich sich ahnenden Menschen senken wir in der verdichteten

Elemente Reich

Dies Sinnbild der Kraft, nach der wir strebend uns bemühen durch

3 5 7 12

Gelegt ~~den 20 ten des Monates September im 1913 Jahre n. Chr. G. d. i. 1880 ten Jahre n. d. M. v. G. da ☿ in der Waage als Abendstern stand.~~ vom Johannesbau-Verein für die Anthroposophische Arbeit am 20. I. Tage des Septembermonats 1880 n. d. M. v. G. d. i. 1913 n. Chr. Geb, da ☿ als Abendstern in der Waage stand.

Abb. 1: Rudolf Steiner: Entwurf der Grundsteinurkunde
© Rudolf Steiner Archiv, Dornach

Liebe Freunde,

An die Grundsteinlegung des ersten Goetheanumbaus am 20. September 1913 erinnerte Rudolf Steiner noch wiederholt in den Jahren, die auf dieses Ereignis folgten. Die «Ideen», «Empfindungen» und «Gefühle», die während der Grundsteinlegung, in der «gemeinsam gefeierten Stunde», in den Seelen lebten, sollten erinnert, d.h. in das Bewusstsein gehoben werden, die, so Rudolf Steiner, *«glühenden Gefühle»*. – Bereits am 20. September 1913 hatte er dazu aufgefordert, den Vorgang der Grundsteinlegung nicht nur wach zu verfolgen, sondern in die Tiefe der Existenz aufzunehmen, in die Schicksalsdimension des eigenen Daseins: «Versucht in Eure Seelen Euch zu schreiben das Große des Augenblicks, den wir durchmachen am heutigen Abend.»[4] Rudolf Steiner sprach in dieser Weise von einer zu leistenden «Inschrift» und von etwas, das «durchzumachen» war, d.h. nicht von einer alleinigen Geistes-Gegenwart, sondern einem pathischen Akt, von einem Vorgang, der eine erschütternde oder gar leidvolle Qualität in sich barg. Das Bewusstsein von dem, was «durchgemacht» wurde, solle erhalten bleiben oder immer wieder erneuert werden, d.h. nie der Vergessenheit anheimfallen. Das Geist-Erinnern sollte konkret geübt und mit der Willensseite der eigenen Existenz verbunden werden – im weltbezogenen Wirken zur Zukunft.

Rudolf Steiner hoffte, dass sich die von ihm in kurzen Skizzen umrissenen Bewusstseinsprozesse (zur Zeit der Grundsteinlegung und in der Sphäre ihrer aktiven Erinnerung) in den Seelen der einzelnen Anthroposophen und in intentionaler Ausrichtung vollziehen würden, zugleich jedoch im sozialen Raum. Sie waren eine Aufgabe nicht lediglich für den Einzelnen, an der Grundsteinlegung Beteiligten, sondern für die Gemeinschaft der Anthroposophischen Gesellschaft in ihrer verbindenden Mitte, ihrem eigentlichen Wesen.

*

Die Grundsteinlegung des Dornacher Baus war durch und durch ernst – das mit ihr Veranlagte und Begonnene, aber auch die Zeitumstände, in die sie fiel. «Wir stehen, durch Karma geführt, in diesem Augenblicke an dem Ort, durch den durchgegangen sind wichtige spirituelle Strömungen: fühlen wir am heutigen Abend in uns den Ernst der Lage», sagte Rudolf Steiner in seiner kurzen Ansprache nach dem vollzogenen Akt in den Abendstunden des 20. September 1913.[5] Der Kreis der um ihn versammelten Menschen war vergleichsweise klein und das Geschehen mehr als unscheinbar – in und an einer kleinen Baugrube bei Regen auf einem schlammigen Hügel in der Nähe von Basel. Dennoch war dasjenige, was sich vor den Augen und Ohren der versammelten Menschen vollzog, kein lediglich interner Binnen-Vorgang der anthroposophischen Gemeinschaft bzw. der versammelten Schar. Rudolf Steiner forderte die Zusammengekommenen vielmehr dazu auf, ihr Bewusstsein auch auf die Weltsituation der Gegenwart zu richten und insbesondere auf die Verfassung der Menschen in ihr. Er sprach von der dringend notwendigen Spiritualisierung der Zivilisation, die gegenwärtig als Sehnsucht in unzähligen Menschenseelen lebe – wenn auch nur in Gestalt eines überwiegend unbestimmten und unzulänglichen «Hoffens auf den Geist»: «Schaut Euch um, meine lieben Schwestern und Brüder, wie dieses unbestimmte Sehnen, dieses unbestimmte Hoffen auf den Geist waltet in der heutigen Menschheit!»[6] Die geistige Sehnsucht der Menschen, so führte Rudolf Steiner aus, verstehe sich zumeist nicht, sei sich selbst nicht deutlich; die Menschen wüssten nicht, wohin sie gehen und ihre inneren Wege ausrichten sollten – abgelenkt vom Wesentlichen und von untergründigen Ängsten durchwirkt. Ahriman verstelle den Ausblick, den Weg, die Wahrheit und das Leben, und erzeuge eine unbewusste Furcht vor Geistigem, eine Angst, die zur Grundkonstitution des modernen, kritisch-skeptischen, sich distanzierenden Menschen gehöre.

Das Bild der Zukunft, das Rudolf Steiner am Abend des 20. September 1913 (und in den nachfolgenden Erinnerungsansprachen) entwarf, war in verschiedener Hinsicht mehr als düster – *«schon stehen die Zeiten vor uns, wo die Seelen veröden werden, weil die geistige Atmosphäre unter dem Einflusse des Materialismus diesen Seelen keine Lebenskraft gibt».*[7] Die seelisch-geistige «Verödung», so Rudolf Steiner, werde bereits in der nächsten Generation in großem Umfang eintreten und wirksam werden, sofern es nicht gelinge, einem kraftvollen spirituellen Impuls Eingang in die Zivilisation zu verschaffen: «Diejenigen, die heute junge Kinder sind, sie werden einem Leben entgegengehen, das unablässig an sie – nicht theoretisch, sondern im Leben selbst – die Frage stellen wird: Wozu leben wir? Wozu dieses öde Dasein? – Und schauerlich stehen in Zukunft vor unserer Seele die bleichen, von Lebensnot und Lebenssorge verzerrten Antlitze derer, die heute junge Kinder sind, denen durch das materielle Leben nichts hereinglänzen kann, was der Seele Trost gibt gegenüber jener Verödung, die einzig und allein Platz greifen kann im Leben des Menschen, wenn nur der Materialismus bestehen würde.»[8] Die Fragen nach dem Sinn des Lebens, des eigenen Daseins und der individuellen Biographie, die im Untergrund jeder Menschenseele wirksam sind, werden, so Rudolf Steiner, vom zivilisationsbestimmenden Materialismus abgelenkt, abgedämpft und verdrängt – eine Situation, die die Augenzeugen der Grundsteinlegung nicht nur bedenken, sondern *empfinden* und *durchleiden* sollten:

> Da kommt dann, meine lieben Freunde, jenes große Mitleid, jenes umfassende Mitgefühl, das in der Seele anschwillt, jenes Mitempfinden mit denen, die da kommen werden – und die nur dann die Erde lebenswert werden finden können, wenn zubereitet ist in der geistigen Atmosphäre dieser unserer Erde dasjenige, was die spirituelle Wissenschaft zu geben vermag.
> *Fühlen wir, meine lieben Schwestern und Brüder, diese Ängste.*[9]

Rudolf Steiner sprach – ohne Pathos – von einem «Schrei», einem «Sehnsuchtsschrei nach dem Geiste», der bei wirklicher Hinwendung zur Gegenwart unüberhörbar sei und der nach einer wirklichen Antwort verlange: «Fühlen wir uns umgeben von den Menschenseelen, in denen erklingt der Sehnsuchtsschrei nach dem Geiste.»[10]

*

In seinen Darstellungen aus dem «Fünften Evangelium» sollte Rudolf Steiner knapp zwei Wochen nach der Dornacher Grundsteinlegung damit beginnen, die Kindheits- und Jugendzeit Jesus von Nazareths vor der Jordantaufe darzustellen – als den Prozess einer sich fortwährend weiter intensivierenden Leid-Erfahrung an der geistigen Situation der Menschheit.[11] Jesus, so schilderte Rudolf Steiner in Oslo und später auch in Vorträgen in Deutschland, erlebte den Verfall der alten Mysterien-Religionen und die geistige Perspektivlosigkeit der Menschen, ihren Verfall an Materielles und ihre weitgehend aussichtslose Lage. Im äußeren Leben begegnete er nur wenig Zerstörendem oder gar Katastrophalem in der sinnlich-physischen Welt. Jesus von Nazareth fühlte und erkannte jedoch, dass die Menschheit und ihr Leben auf Erden Abgründen entgegen gingen, sofern sich kein neuer geistiger Einschlag ereignen würde. Er vernahm die Schreie in vermeintlicher Stille[12] – eine Situation und Erfahrung, die Rudolf Steiner in den Jahrzehnten vor der Wende des 19. zum 20. Jahrhundert und an dieser selbst unter anderen bewusstseins- und zeitgeschichtlichen Bedingungen auch seinerseits durchlief.[13] Ein absoluter Neuanfang, eine «makrokosmische Durchleuchtung», war zur «Zeitenwende» notwendig geworden, um die Menschheitsentwicklung in guter Weise fortzuführen und die Lebenskräfte auf Erden zu retten.[14] Vergleichbares galt in gewisser Hinsicht auch für die unmittelbare Gegenwart – für die Wende des 19. zum 20. Jahrhundert und für die Vor-Michaelizeit des Jahres 1913, weniger als elf Monate vor Ausbruch eines mörderischen, viele Jahre andauernden und in sich hochtechnisierten Krieges, der die Welt in zuvor ungekanntem Maße in den Abgrund stürzen und zum «Karma des Materialismus» gehören sollte. *(«In gewisser Beziehung ist dieser Krieg das Karma des Materialismus.»[15])* Drei Monate nach der Grundsteinlegung (und drei Monate vor seinem Tod am 31.3.1914) schrieb Christian Morgenstern an seine alte Freundin Marie Goettling, eine Pastorentochter aus Sorau, die der Anthroposophie weitgehend verständnislos gegenüberstand:

> Sieh Dir doch diese Welt von heute an, vergleiche sie bloß mit der Deiner Jugend. Lege noch fünfzig, noch achtzig Jahre zu, und die Öde wird so um sich gegriffen haben, dass man nicht mehr würde leben wollen, wenn es dann nicht wenigstens Inseln des spirituellen Lebens gäbe; wenn nicht von einer verschwindenden Minorität *vorgearbeitet* würde bis dahin. Das ist die Hilfe, die *wir* zu leisten haben; und die und deren tragische Notwendigkeit Du nicht begreifen zu wollen scheinst. Das ist das Christentum, das heute ruft, und von dem doch weder die offizielle Kirche noch auch das zahlreiche Privat-Christentum, das sich im Grunde von der Kirchenmeinung nur um Geringes entfernt, etwas wissen will. Siehst Du denn nicht, dass etwas Absterbendes hier durch etwas Neues ersetzt werden muss, dass es *neue* Christenwerke gibt, da die alten nicht mehr zureichen; dass eine nova vita einsetzen muss für den Bekenner des Christus, die nicht nur darin besteht, gut zu sein, Gutes zu tun, sondern *noch dazu* nach den Mitteln zu greifen, welche die Entwickelung darbietet und deren richtige Pflege allein verhindern kann, dass der gute und beste Wille, die größte Liebe zuletzt in Verzweiflung endet.
> Man kann von sich immer nur partiell reden; aber wenn ich das tue, so muss ich wohl sagen, dass ich nicht weiß, wo ich heute wäre, wenn sich mir das Leben nicht durch die Erkenntnisse der Theosophie verständlich und ertragbar gemacht hätte. In der Verzweiflung, im Wahnsinn, in der Revolution irgendwo, im Philistertum – vielleicht überhaupt nirgendwo mehr, diesseits des Grabes.[16]

Den Dornacher Bau sollte Rudolf Steiner wenige Jahre später als «Wahrzeichen» für das «Hereinbrechen» eines neuen geistigen Impulses in die Erden- und Kulturentwickelung bezeichnen – als eine unbedingte Notwendigkeit, um über den erreichten «toten Punkt» des Zivilisationsprozesses tatsächlich hinausgelangen zu können. *«Anthroposophie ist ein Erkenntnisweg, der das Geistige im Menschenwesen zum Geistigen im Weltenall führen möchte.»*[17]

*

In den Juliwochen des Jahres 1912, als Rudolf Steiner in München sein drittes Mysteriendrama über den «Hüter der Schwelle» inszeniert und das Buch «Ein Weg zur Selbsterkenntnis des Menschen» geschrieben hatte, war im Londoner University College der erste «Internationale Eugenik-Kongress» einberufen worden – mit Beteiligung von nahezu 700 führenden Wissenschaftlern (darunter Mediziner, Biologen, Anthropologen, Philosophen und Theologen) sowie zahlreichen Politikern. Es ging dort – unter dem Ehrenpräsidium des Sohnes von Charles Darwin, dem Vorsitzenden der British Eugenics Society – um die genetische Verbesserung der menschlichen Rasse und Erbanlagen durch individuelle und staatliche Eingriffe – mit Geburtenkontrolle der «Minderwertigen» (durch Eheverbot und Sterilisation) und Erhöhung der Geburtenrate der «Wertvollen». Ein positives Selektionsprinzip sollte auf staatlicher Ebene institutionalisiert werden und die zukünftige «Tüchtigkeit unserer Rasse» effektiv gewährleisten, wie dies Alfred Ploetz bereits 1895 propagiert hatte, der den Vorrang von «Rassenhygiene» und «Rassenwohl» vor dem «Einzelwohl» vertrat. Ploetz, der zu den führenden deutschen «Eugenikern» gehörte und eine wesentliche Persönlichkeit des Londoner Kongresses war, hatte in seiner Schrift des Jahres 1895 («Die Tüchtigkeit unserer Rasse und der Schutz der Schwachen. Ein Versuch über Rassenhygiene und ihr Verhältnis zu den humanen Idealen, besonders zum Socialismus») unter anderem ein Plädoyer für den «sanften» Tod mit Morphium für schwächliche oder missgestaltete Kinder formuliert – und die Tötung sämtlicher Zwillinge und aller Kinder empfohlen, deren Eltern bereits das 45. (Mutter) bzw.

50. Lebensjahr (Vater) überschritten oder die bereits sechs Kinder hatten. – All dies war exemplarisch und symptomatisch für den «Geist» der Zeit und die immer drastischer – und dramatischer – werdende Verschattung des Menschen-Bildes und Menschen-Bewusstseins. Rudolf Steiner, dessen anthroposophisches Werk dieser Negation der menschlichen Individualität diametral entgegen gerichtet war, warnte vor den horrenden Gefahren, die mit den Gedanken der «Höherzüchtung» der Rasse bzw. des «nationalen Erbgutes» realiter verbunden seien – *«und die Zeit wird kommen, vielleicht gar nicht in so ferner Zukunft, wo sich auf solch einem Kongress wie dem, welcher 1912 stattgefunden hat, noch ganz anderes entwickeln wird, wo noch ganz andere Tendenzen auftreten werden ...»*[18] *«Der Materialismus wird in rasender Eile seine Konsequenzen ziehen.»*[19]

Mit der Errichtung der «Freien Hochschule für Geisteswissenschaft», deren Bau in Dornach aufgerichtet werden sollte, hatte es Rudolf Steiner angesichts der Dynamik der materialistischen Entwicklungen eilig. Er sah die kommende Zerstörung Mitteleuropas nicht nur als politisches Gebilde, sondern als eine geographisch-spirituelle Landschaft, in der das Denken über den Menschen, seine Geistigkeit, seinen Wert und seine Würde lange Zeit ein zentrales Element der geschichtlichen Entwicklung gewesen war. Der deutsche Idealismus, aber auch viele andere assoziierte Kräfte in Literatur, Philosophie, Religion und Ästhetik hatten über Jahrhunderte in Mitteleuropa dafür gesorgt, dass das Bewusstsein vom Menschen, seiner Individualität und Freiheits-Bestimmung, inmitten einer zunehmend naturwissenschaftlich geprägten Welt nicht verloren gegangen, sondern sukzessive weiter ausgebildet worden war.[20] Der forcierte Materialismus und Positivismus und die in ihm wirkenden Kräfte hatten dann jedoch im Verlauf des 19. Jahrhunderts dazu geführt, dass diese Entwicklung aufgehalten und nahezu abgebrochen war – und er stand nun, in Verbindung mit sozialdarwinistischen, marktökonomischen und rassistischen Gedanken und Interessen, kurz vor dem entscheidenden Durchbruch. Rudolf Steiner sprach bei der Grundsteinlegung des Dornacher Baus von der aktuell bestehenden Möglichkeit, dass die Erde das ihr vom «Urbeginn» gestellte Ziel durch Menschenwillen nicht mehr erreiche, d. h. künftig nicht mehr ein Ort der Humanitätsentwicklung und Menschenbildung sein könne, sondern selbstdestruktiv enden würde – in Kriegen aller gegen alle, oder in technologisch-ökologischen Katastrophen größten Ausmaßes.

Das Bauwerk, das Rudolf Steiner in Dornach errichten und dieser Entwicklung gegenüberstellen wollte, war von daher kein primäres oder gar ausschließliches Zentrum der Kunst und Kultur, sondern eines neuen, praxisrelevanten Denkens – über den Menschen und die Schöpfung. Von Anfang an, d. h. seit Beginn der Bauabsichten in München, hatte Rudolf Steiner unmissverständlich deutlich gemacht, dass der zu schaffende Zentralbau der anthroposophischen Bewegung kein reines Tagungsgebäude oder Theater im engeren Sinne darstellen würde – zur Aufführung der Mysteriendramen etc. –, sondern nichts weniger als eine Hochschule sein oder diese beherbergen sollte. Zwei Jahre vor der Dornacher Grundsteinlegung hatte es im ersten Rundschreiben des Johannesbauvereins von Seiten Rudolf Steiners geheißen: *«Der Gedanke einer Hochschule für Geisteswissenschaft ist die notwendige Konsequenz, die aus der Auslieferung des spirituellen Wissens, dessen unsere Zeit gewürdigt worden ist, gezogen werden muss.»*[21] Was damit gemeint war, konnten die Mitglieder der deutschen Sektion der Theosophischen Gesellschaft bereits im Oktober 1911 prinzipiell verstehen – ein neues, michaelisches Zeitalter hatte im letzten Drittel des 19. Jahrhunderts begonnen, eine neue Epoche der Menschheitsentwicklung, die dazu in der Lage war, trotz der sich weiter intensivierenden Materialisierung und Technologisierung des modernen Lebens die Tore für eine neue Wissenschaft vom Geist weit zu öffnen. Die Hörer und Leser von Rudolf Steiners theosophisch-anthroposophischen Vorträgen und Schriften hatten seit Anfang des 20. Jahrhunderts die Entfaltung dieser Geisteswissenschaft Schritt für Schritt miterleben können, einer Geisteswissenschaft des «Bewusstseinsseelen»-Zeitalters, die in Dornach nunmehr ein Schulungszentrum spiritueller Forschung, Ausbildung und Lehre eröffnen wollte, eine Hochschule, die dazu in der Lage war, der Zivilisation in ihren verschiedenen Lebensfeldern einen neuen Einschlag geben zu können. *«Heute haben wir die Aufgabe, den vollen Strom des geistigen Lebens, der, ich möchte sagen, von den Höhen zu uns kommt, aufzufangen»*, sagte Rudolf Steiner[22], und sprach von der großen Aufgabe der Anthroposophischen Gesellschaft und Bewegung, *«die darinnen besteht, die der Menschheit nunmehr zugänglich gewordenen Strahlen eines neuen Geisteslichtes aufzufangen und in die menschlichen Kultur- und Zivilisationsmittel hineinzuprägen».*[23] Für die von ihm neu begründete Anthroposophische Gesellschaft sollte Rudolf Steiner Ende 1923, etwas über ein Jahrzehnt nach der ersten Grundsteinlegung in Dornach, als Voraussetzung einer Mitgliedschaft einzig die Anerkenntnis der Notwendigkeit einer «Freien Hochschule für Geisteswissenschaft» verlangen; Mitglied konnte jeder Mensch werden, «der in dem Bestand einer solchen Institution, wie sie das Goetheanum in Dornach als Freie Hochschule für Geisteswissenschaft ist, etwas Berechtigtes sieht»[24]. *«Hier [in Dornach] muss die Hochschule der wirklichen Geisteswissenschaft sein.»*[25] Diese Hochschule sollte um den Menschen zentriert und auf ihn gebaut sein – auf die grundlegende Erkenntnis seines wahren Wesens inmitten eines Zeitalters, das dieses Wesen sukzessive verschattete, entstellte und in den Hintergrund drängte. «Was in uns entzündet wird durch die ins Übersinnliche zielenden Erkenntnisse anthroposophischer Geisteswissenschaft, das ist Menschenliebe, die uns unterrichtet von Menschenwert, die uns empfinden lässt die Menschenwürde.»[26] Es gehe darum, so sagte Rudolf Steiner bei der Grundsteinlegung am 20. September 1913, furchtlos den Glauben und das Vertrauen zu dem zu gewinnen, «was da verkünden kann die Wissenschaft vom Geiste»[27] – um aus dieser Geisteswissenschaft heraus in Zukunft positiv für die Welt arbeiten und wirken zu können. («… dass lebendig werden muss in den Menschenseelen die Weisheit und der Sinn der neuen Erkenntnis, der neuen Liebe und der neuen starken Kraft.»[28])

*

Der Schritt von der anthroposophischen Lehre – dem Ideengut der Vorträge und Schriften – zur Errichtung des Dornacher Baues war über die Kunst gegangen, und es war ein Weg zur Tat. «Für die Beantwortung der Frage, ob in einem gewissen weiteren Sinne Anthroposophie heute verstanden wird, hängt zunächst außerordentlich viel von einer Antwort ab, die wir nicht mit Worten geben können, die wir nicht mit Gedanken ausdrücken können, sondern davon, dass wir zur Tat übergehen», hatte Rudolf Steiner auf der ersten Generalversammlung des Johannesbauvereins im Dezember 1911 in Berlin gesagt.[29]

Im Herbst 1912, nach seinen Vorträgen in Basel über das Markus-Evangelium, war von Rudolf Steiner zum ersten Mal das Dornacher Gelände betreten, in Augenschein genommen und als geeignet für den Bau befunden worden. Er hatte bald danach auf ein rasches Vorgehen gedrängt, den weiteren Baugesuchen in München eine Absage erteilt und die Entscheidung für Dornach getroffen. Von hier sollte alles Weitere ausgehen. Im Sommer 1913 hatte er in München das vierte Mysteriendrama «Der Seelen Erwachen» inszeniert, in dem die Ahriman-Tragödie die Gemeinschaft um Benedictus nachdrücklich traf, das Buch «Die Geheimnisse der Schwelle» geschrieben, am Holzmodell für den Bau gearbeitet, die Vorträge zum «Fünften Evangelium» in Oslo angekündigt – und dem Schlosser und Anthroposophen Max Benzinger in der ersten Septemberwoche den Auftrag zur Anfertigung des Grundsteins aus zwei Kupfer-Dodekaedern erteilt. Am 17. September, drei Tage vor dem Akt der Grundsteinlegung, war Rudolf Steiner dann den Dornacher Hügel mit einem Stock abgeschritten und hatte den genauen Punkt der Grundsteinlegung gesucht und gefunden – im Blick zur Erde und zum Kosmos, in der exakten Bestimmung des Benötigten: *«Das ist der Punkt.»*[30] Er hatte darum gebeten, unverzüglich eine Grube von 1,75 m Tiefe und 6 m Durchmesser auszuheben; auch sollte ein schützender Betonbehälter für den Grundstein angefertigt werden. Der von Benzinger aus München mitgebrachte Grundstein befand sich zu dieser Zeit im Keller von Rudolf Steiners Dornacher Wohnhaus – dorthin brachte Rudolf Steiner am 19. September zwei kleine Pyrite, die Benzinger in den beiden Dodekaedern freischwebend aufhängen sollte. «Die Pyrite halten die beiden Baukuppeln ...», sagte Rudolf Steiner zu dem erstaunten Ehrenfried Pfeiffer[31], und betonte gegenüber Benzinger, dass die Achse des Grundsteins genau in Ost-West-Richtung ausgerichtet werden müsse.[32]

Die Uhrzeit der Grundsteinlegungs-Handlung, die schließlich am 20.9.1913 um 18 Uhr begann (und insgesamt neunzig Minuten dauerte), wurde erst eine Stunde zuvor bekanntgegeben.[33] Gerade einmal siebzig Menschen erfuhren kurzfristig von ihr[34] und wurden Augenzeugen des Geschehens – am Abend eines regnerischen Tages und am Rande einer Grube, über der ein provisorisches Zeltdach angebracht worden war. Entzündete Fackeln und das Feuer eines Holzstoßes beleuchteten dürftig das Geschehen.

In der Grundsteingrube stehend, zu der neun Stufen hinunterführten, erbat Rudolf Steiner den Segen aller geistigen Hierarchien für das, was am Dornacher Hügel vorgesehen war und nunmehr beginnen sollte. Er sprach, sich nach Osten, Süden, Westen und Norden wendend, die Worte:

> Ihr Seraphim, ihr Cherubim, ihr Lenker der Welt, und die ihr gleich Blitzen durch die geistigen Strömungen aufnehmet die Hüllen der Cherubim, sie vermählend zu schöpferischem Dasein der Welt, ihr hohen Throne, euch rufen wir als Schützer unserer Handlung, und euch, ihr Weisheiten, die ihr alles dasjenige, was im Menschen vor aller seiner Wesenheit vorhanden ist, und euch, ihr Bewahrer der ewigen Weltenkräfte, und euch, ihr Former unseres Daseins, die ihr hereinstellt die Gestalt alles Seins in die Strömungen des Daseins: Euch rufen wir zu Schützern unserer Handlungen.
> Und euch, ihr Persönlichkeiten des geistigen Stromes, und ihr Helfer, die Archangeloi und die Angeloi, die ihr der Erde die Boten des geistigen Lebens des Menschen seid, euch alle rufen wir zu Schützern und Lenkern dieser unserer Handlung. Herab rufen wir euch über des Menschen Seele, die wir weihen wollen, soweit es an uns ist.[35]

Eine *Menschen-Weihe* sollte vollzogen werden – *«soweit es an uns ist»*; eine Weihe des Menschen in seiner wahren Wesenheit und als

Träger der Zukunftsevolution. Die menschliche Seele sollte sich *dem* Werk «weihen», das auf sie wartete und von ihr vollbracht werden musste:

> Wir treten hin an dieses Menschen Seele, die wir weihen wollen dem Werke, das nach unserer besten Erkenntnis der Zeit ihre Dienste leisten soll.[36]

Rudolf Steiner sprach vom Menschen, dem «Anthropos», nicht im Sinne des zeitgenössischen Materialismus und Darwinismus, der Genetik und der Körperwissenschaft, sondern als einem Wesen, das sich von den Kräften der göttlich-geistigen Hierarchien herleitet, und in Zukunft zu ihrem Rang aufsteigen sollte, zur zehnten Hierarchie der Freiheit und Liebe. Der Grundstein, so betonte er, sei nach den «Weltenbildern der Menschenseele» geformt und ihr «Sinnbild» – ein Sinnbild «der strebenden, als Mikrokosmos in den Makrokosmos eingesenkten Menschenseele», die in der doppelten Zwölfgliedrigkeit der Grundstein-Komposition nachdrücklich zum Vorschein kam. Der Grundstein drücke den «im Geist sich suchen wollenden, den in der Weltenseele sich fühlen wollenden, im Welten-Ich sich ahnenden Menschen» aus. Diesen Menschen schrieb Rudolf Steiner auch der Grundsteinurkunde ein – als die Zukunftshoffnung, aber auch das Sorgenkind der Hierarchien, die um seine aktuelle Bedrohung wussten.[37] Rudolf Steiner las in der Erdgrube die Rosenkreuzersprüche der Grundsteinurkunde – *«Ex deo nascimur / In Christo morimur / Per Spiritum Sanctum Reviviscmus»* –, die er zehn Jahre später mit den Worten übersetzen sollte: «Aus dem Göttlichen weset die Menschheit / In dem Christus wird Leben der Tod / In des Geistes Weltgedanken erwachet die Seele»[38]. Er sprach davon, dass in diesen Rosenkreuzerformeln der ganze «Sinn» des anthroposophischen Strebens enthalten sei – und unzweifelhaft deutlich wurde, dass Rudolf Steiners ganze Hochschulintention mit der geistigen Zielsetzung der Rosenkreuzergemeinschaft im Zeitalter Michaels verbunden war.[39] Die Grundsteinlegung fand, so hielt die Urkunde fest, im Jahre 1880 nach dem Mysterium von Golgatha statt – in jener Zählweise, die Rudolf Steiner eineinhalb Jahre zuvor, zum Osterfest des Jahres 1912, im Kalender 1912/13 erstmals verwandt und mit dem Rosenkreuzer-Bewusstsein von der eigentlichen Zeitenwende des Golgatha-Geschehens in Verbindung gebracht hatte («1879 nach der Ich-Geburt [im Jahre 33 n. Ch.]»).

Rudolf Steiner war der «geistige Leiter» der Grundsteinlegungs-Handlung, was auch auf der Urkunde festgehalten wurde. Er sprach nicht nur die Weihe-Worte und schob die Urkunde in den Stein, sondern weihte den Grundstein anschließend – mit drei, fünf und sieben Schlägen auf den kleinen, und zwölf auf den großen Dodekaeder.[40] Rudolf Steiner deutete an, wie durch diesen rituellen Vorgang der Stein verändert wurde – aus dem «Sinnbild» wurde ein «Zeichen», das anschließend eine «Verhüllung» erfuhr. «Äußerlich einem Begräbnis ähnelnd, geistig jedoch ein Geburtsakt»:

> Das Urbild des Menschen, die Entelechie des Anthropos, wird als wirksames Wahrzeichen der Erde anvertraut. Der Sinn der Erdenmission ist die Entwicklung der Liebekraft im Sinne des Christusopfers. Endziel der Evolution die Umwandlung der Erde durch den Menschen zu einem in den Kosmos hinausstrahlenden Stern der Liebe. (Erika von Baravalle[41])

Die Dodekaeder waren aus Kupfer hergestellt, dem Metall der Venus und der Liebe; in sie war das Eisen- und Schwefel-Geheimnis des Pyrit-Kristalles eingefügt worden, dessen kosmische Tragekraft Rudolf Steiner viele Jahre später, in seinem letzten Mysterien-Kurs, im englischen Torquay eindrücklich erläuterte.[42]

Von der wirklichen Bedeutung der Erde für den Makrokosmos schrieb Rudolf Steiner noch über elf Jahre nach der Dornacher Grundsteinlegung auf seinem Krankenlager («Was ist die Erde in Wirklichkeit im Makrokosmos?»[43]). Der Makrokosmos, so sollte er dort ausführen, ist im Ersterben begriffen – er opferte seine frühere, wesenhafte Lebendigkeit dem menschlichen Mikrokosmos, der selbstständig werden und zu eigenem Leben erwachen musste. Das Ich des Menschen konnte sich auf der Erde nur selbsttätig entfalten, wenn die Wirkungen und Einflussgrößen des Makrokosmos zurückgingen – vom Wesen über die Offenbarung zum alleinigen Werk.[44] Mit dem Erstehen des selbstständigen Mikrokosmos musste der Makrokosmos in gewisser Hinsicht sterben, d.h. in seiner Vitalität stufenweise abnehmen. Dann jedoch, so führte Rudolf Steiner aus, wurde es in zunehmendem Maße eine Aufgabe der Erde und ihrer Reiche, dem Makrokosmos wieder Kräfte aus sich heraus zurückzugeben. Die Erde ist kein «Staubkorn», sondern – so Rudolf Steiner – der «Embryonal-Keim» eines neu auflebenden, auferstehenden Kosmos.[45] Im Menschen selbst nimmt die mögliche Zukunftsevolution der Erde und des Kosmos ihren wirklichen Anfang – er verfügt über ein Lebenschöpferisches Prinzip.[46] Dieses in Anschlag zu bringen – anstelle das Zerstörungswerk der rein materiellen Ausbeutung und Technik fortzuführen – ist, so Rudolf Steiner, die große «Mission der Menschheit auf unserem Erdenplaneten»[47], damit auch der Dornacher Hochschule.

*

In seiner Ansprache an der Baugrube, unmittelbar nach dem Vollzug der Grundsteinlegung, blickte Rudolf Steiner auf die Zeitenwende zurück und forderte zu einer inneren Bezugnahme auf die damaligen Ereignisse auf, zu einem inneren Anschluss an sie – *«Versuchen wir in diesem Augenblicke in uns den Gedanken zu erwecken der Verbindung der Menschenseele mit dem Streben in der Zeitenwende.»*[48] Er beschrieb den progredienten Verlust des Mysterienwesens und -wissens in den unmittelbar vorchristlichen Zeiten und die damit einhergehende Trennung des Menschen von der eigentlichen «Heimat» seiner seelisch-geistigen Kräfte im Kosmos: «Versuchen wir uns klarzumachen, wie aus der Menschenseele gewichen ist der Zusammenhang mit dem göttlichen Weltendasein, mit dem Wollen, mit dem Fühlen und mit dem göttlich-geistigen Erkennen.»[49] Im Zuge der Persönlichkeitsentwicklung musste der Mensch sich von seiner eigentlichen Heimat, seiner makrokosmischen Zugehörigkeit, emanzipieren. Er lebte fortan aus seinen eigenen Kräften inmitten seines Leibes, der ihm das irdische Ich-Bewusstsein, sein «Erden-Ich», gab.[50] Dieser Vorgang war bewusstseinsgeschichtlich notwendig und unumkehrbar; er kam jedoch, so Rudolf Steiner, in den Jahrhunderten vor der

Zeitenwende an einen kritischen Punkt bzw. eine entscheidende Krise, deren lebensvolle Überwindung nur durch das Mysterium der Christus-Inkarnation und durch den Todes- und Auferstehungsprozess in Golgatha möglich war:

> Einstmals war die Menschheit am Endpunkt angelangt des Strebens nach Persönlichkeit. Da in der Fülle dieser Erden-Persönlichkeit verdorrt war das alte Erbstück der göttlichen Leiter des Urbeginnes der Erdenevolution, da erschien drüben im Osten das Weltenwort: *Im Urbeginne war das Wort / Und das Wort war bei Gott / Und ein Gott war das Wort.* Und das Wort erschien den Menschenseelen und hat zu den Menschenseelen gesprochen: Erfüllet die Erdenevolution mit dem Sinn der Erde! – Jetzt ist das Wort selber übergegangen in die Erden-Aura, ist aufgenommen von der spirituellen Aura der Erde.[51]

In dieser Perspektive gesehen, implizierte das Jordan- und Golgatha-Geschehen ebenfalls einen Grundsteinlegungs-Akt.[52] Mit der Inkarnation des Christus in einen Erdenleib und mit den Golgatha-Vorgängen, dem Schicksal von Leib und Blut des Christus (und ihrer Vereinigung mit dem Erdorganismus und der Erdenaura[53]), begann die konkrete Auferstehung der Erde und der Menschheit, das «neue Leben» in der Todeskrise des alten.

Die Substanz dieser aufsteigenden Menschheitsevolution begann in *den* Menschenseelen zu wirken, die sich in den drei Erdenjahren des Christus und nach seinem Tod mit ihm und seiner Wirkensrichtung, seinem «Impuls» verbanden. Durch das Geschehen der drei Jahre – der Taufe im Jordan und ihrer «Vollendung» auf Golgatha[54] – wurde Christus «Mensch» und war fortan mit den Geschicken der Menschheit auf Erden verbunden. Die Beziehung zu ihm, als dem «Weltenwort» und «wahren Ich», das sich aus kosmischen Höhen kommend mit dem Erdengeschick vereinte, gestattete die Wiederverbindung der Menschenseele mit dem Kosmos. Christus wandte, so Rudolf Steiner, durch seine Tat die menschheitliche Situation auf Erden; er ermöglichte denen, die ihm folgen wollten, nicht nur die Überwindung der «Sündenkrankheit», sondern auch jener Kräftekonstellation, die ihr zugrunde lag, und den Menschen von der eigentlichen Heimat seines Wesens abgetrennt hatte – zugunsten einer forcierten Über-Inkarnation, einem Fall in die Erdenmaterie. Die mantrische Götterklage der vorchristlichen Eingeweihtenschulen, die um die Situation des (über-)inkarnierten Menschengeistes auf Erden wussten, wandte Christus Jesus im konkreten Durchgang durch die Zeitenwende in jenes «Vater-Unser»-Gebet um, das er seinen esoterischen Schülern lehrte.

AUM, Amen!
Es walten die Übel,
Zeugen sich lösender Ichheit,
Von andern erschuldete Selbstheitschuld,
Erlebet im täglichen Brote,
In dem nicht waltet der Himmel Wille,
In dem der Mensch sich schied von Eurem Reich
Und vergaß Euren Namen,
Ihr Väter in den Himmeln.[55]

*

Vater, der du warst, bist und sein wirst in unser aller innerstem Wesen!
Dein Wesen wird in uns allen verherrlicht und hochgepriesen.
Dein Reich erweitere sich in unseren Taten und in unserem Lebenswandel.
Deinen Willen führen wir in der Betätigung unseres Lebens so aus, wie du, o Vater, ihn in unser innerstes Gemüt gelegt hast.
Die Nahrung des Geistes, das Brot des Lebens, bietest du uns in Überfülle in den wechselnden Zuständen unseres Lebens.
Lasse Ausgleich sein unser Erbarmen an anderen für die Sünden an unserem Wesen begangen.
Den Versucher lässt du nicht über das Vermögen unserer Kraft in uns wirken, da in deinem Wesen keine Versu-

chung bestehen kann; denn der Versucher ist nur Schein und Täuschung, aus der du, o Vater, uns durch das Licht deiner Erkenntnis sicher herausführen wirst.
Deine Kraft und Herrlichkeit wirke in uns in die Zeitläufe der Zeitläufe.[56]

*

In der Wirkensrichtung dieses esoterischen Christus-Impulses arbeiteten Rudolf Steiner und die anthroposophische Bewegung – und dieser Wirkensrichtung sollte die «Freie Hochschule für Geisteswissenschaft» im «Haus des Wortes» angehören, dessen Grundsteinlegung am 20. September 1913 in Dornach vollzogen wurde. Rudolf Steiner strebte mit der Dornacher Hochschulgründung von vornherein eine Erneuerung der zivilisatorischen Lebensfelder im Sinne des wirksamem «Christus-Impulses» aus den Kräften esoterischer Berufsgemeinschaften an.[57] Eingeführt in die verschiedenen Lebens- und Wissenschaftsgebiete sollte ein «durchchristetes» Denken werden, das dazu in der Lage war, wieder den Zugang zu den wirklichen «Weltgedanken» finden zu können, den Intentionen der Schöpfung – zu demjenigen, was die schöpferischen, kosmisch bestimmten oder mitbestimmten Ordnungen, Gesetze und Kräfte im Bereich der Naturgebiete und des Menschen sind. Die Dornacher Hochschule sollte in der «Tatform» des spirituellen Rosenkreuzertums im Zeitalter Michaels[58] das Menschen- und Christus-Bewusstsein wiedererwecken[59] und in konkreter Weise praktizieren – im inneren Anschluss an das zur Zeitenwende begonnene «Sonnewerden» der Erde, ihrer «makrokosmischen Durchleuchtung», Heilung und Zukunftsbereitung, d. h. ihrer Vorbereitung zu einer «Stätte des Kosmos, wo in Zukunft heiliges, geistiges Christus-Sonnenlicht erstrahlt», wie Rudolf Steiner am 19.9.1914 in einer abendlichen Ansprache zur Vorbereitung des ersten Jahrestages der Grundsteinlegung betonte.[60] Der «Johannesbau» – als Zentrum des esoterischen Christentums der Moderne – sollte der Weiterentwicklung von Wissenschaft, Kunst und Religion dienen – im verwandelten Denken, Fühlen und Wollen, das in Schönheit mündet, wie Christian Morgenstern über Rudolf Steiner und die Anthroposophie schrieb:

Zur Schönheit führt Dein Werk:
denn Schönheit strömt
zuletzt durch alle Offenbarung ein,
die es uns gibt.
Aus Menschen-Schmerzlichkeiten
hinauf zu immer höhern Harmonien
entbindest Du das schwindelnde Gefühl,
bis es vereint
mit dem Zusammenklang
unübersehbarer Verkünder GOTTES
und SEINER nie gefassten Herrlichkeit
mitschwingt im Liebeslicht
der Seligkeit ...
Aus Schönheit kommt,
zur Schönheit führt
Dein Werk.[61]

*

Rudolf Steiner sprach von dem Dornacher Bau als einer «heiligen Sache» der anthroposophischen Gemeinschaft, und er machte bei der Grundsteinlegung deutlich, dass der rituelle Akt verbindlich war; diese Verbindlichkeit betraf diejenigen Menschen, die an der Grundsteinlegung Anteil nahmen und sich der Anthroposophischen Gesellschaft und Bewegung zugehörig fühlten. *«Verstehen wir uns dahin, dass diese Handlung in einem gewissen Sinne bedeutet für unsere Seele ein Gelöbnis.»*[62] «Anverlobt», so Rudolf Steiner, sei das nunmehr gemeinsam begonnene Werk bzw. seien die Menschen, die es befördern und verantworten wollten, dem Sein des «Christus-Impulses», d.h. dem weiteren weltgeschichtlichen Schicksal und Wirkensziel des Mysteriums von Golgatha. *«Verstehen wir uns, dass wir uns am heutigen Tage [...] anverloben dieser von uns als richtig erkannten geistigen Evolutionsströmung der Menschheit.»*[63]

An dieses konkrete Treue-Versprechen, das die Anwesenden durch ihre freiwillige Augenzeugenschaft am 20. September 1913 zumindest indirekt geleistet hatten – darüber hinaus jedoch im Grunde *alle* Mitglieder der Anthroposophischen Gesellschaft, die das Bauprojekt bejahten –, erinnerte Rudolf Steiner in seinen späteren Ansprachen wiederholt. Diese mündeten in eine Erneuerung des einst Versprochenen, der real vollzogenen «Angelobung»; am 20.9.1916 sagte er in einem Gedenkvortrag der Grundsteinlegung: «Und so können wir denn heute, wo wir haben zurückblicken wollen gewissermaßen auf die Impulse, die uns vor drei Jahren beseelt haben, nur wiederum neuerdings innerlichst geloben, *treu* bleiben zu wollen diesem Impulse.»[64] Etwas mehr als zehn Jahre nach der Grundsteinlegung, am ersten Jahrestag der kompletten Brandzerstörung des 1913 begonnenen Baues, ließ Rudolf Steiner die Hörer seines Vortrages vom 31. Dezember 1923 – die ihn stehend begrüßt hatten – im Verlauf seiner Ausführungen noch einmal aufstehen und sagte:

> Meine lieben Freunde, Sie haben mich empfangen, indem Sie sich in der Erinnerung an das alte Goetheanum erhoben haben. Sie leben in der Erinnerung an dieses alte Goetheanum. Erheben wir uns jetzt zum Zeichen, dass wir uns angeloben, in dem Geiste des Goetheanums weiterzuwirken mit den besten Kräften, die wir im Bilde unseres Menschenwesens finden können. Ja, so sei es. Amen.
> Und so wollen wir es halten, meine lieben Freunde, so lange wir es können, nach dem Willen, der unsere Menschenseelen verbindet mit den Götterseelen, denen wir treu bleiben wollen in dem Geiste, aus dem heraus wir diese Treue zu ihnen suchten in einem bestimmten Zeitpunkte unseres Lebens, da wir die Geisteswissenschaft des Goetheanums suchten.
> *Und verstehen wir, diese Treue zu halten.*[65]

Von diesen geistig-moralischen Voraussetzungen des Dornacher Baues und der mit ihm intendierten Freien Hochschule für Geisteswissenschaft hatte Rudolf Steiner bereits bei der Bekanntgabe der «Stiftung für theosophische Art und Kunst» Ende 1911 in Berlin in gewisser Hinsicht gesprochen – nahezu zwei Jahre vor der ersten Grundsteinlegung, und doch in spiritueller Beziehung zu ihr. Keine «Ehren» oder «Würden», sondern nur Pflichten seien mit den Verantwortungen und Leitungsaufgaben des zeitgenössischen Rosenkreuzer-Impulses verbunden, ein wirkliches Vermögen zur erkennenden Selbstlosigkeit unter Ausschließung oder Überwindung «alles, alles Persönlichen»[66] – in der inneren Haltung einer kommenden Kulturepoche, die bereits in der Gegenwart vorbereitet und anfänglich wirksam werden musste.

*

Obwohl die Grundsteinlegung am 20. September 1913 mit der Versenkung des kupfernen Doppel-Dodekaeders in die Erde ohne Zweifel physischer Natur war, sprach Rudolf Steiner in dieser Weise auch von dem, was er als den «geistigen Anteil [des Grundsteins] aus der Kraft der Menschenseele» bezeichnete und was zu der physischen Grundsteinlegung obligat hinzukommen musste, um sie vollständig, wirksam und dauerhaft machen zu können: *«In Demut, Hingebung und Opferwilligkeit versuchen wir unsere Seelen hinaufzulenken zu den großen Plänen, den großen Zielen des menschlichen Wirkens auf der Erde.»*[67] Nicht allein die ideelle Kenntnis dieser «Pläne» und «Ziele» – von denen Rudolf Steiner in seinen anthroposophischen Vorträgen seit Jahren sprach – war notwendig, sondern die innere Haltung der «Demut, Hingebung und Opferwilligkeit», ohne die keine Mitarbeit an den gemeinsamen Zielen möglich war. Die Selbstlosigkeit und absolute Einsatzbereitschaft für die «heilige Sache» des Baues erwartete Rudolf Steiner von seinen Mitarbeitern, darüber hinaus eine soziale oder «brüderliche» Gesinnung, die in das Herz aufgenommen, ja gegebenenfalls in dieses «hineingezwungen» werden musste, «so dass ein Jeglicher über einen Jeglichen die besten Gedanken hat»[68]. Rudolf Steiner rief seine anthroposophischen Freunde dazu auf, «von allem Kleinlichen des Lebens» abzusehen, sich auf das Wesentliche zu konzentrieren und eine effektive Arbeitsgemeinschaft auszubilden, die für die Bewältigung der Zukunftsausgaben notwendig sein würde. Er sprach von der erforderlichen Courage des Einzelnen und der Gemeinschaft, vom «Mut zum Bekenntnis» und zur Treue, die in der Zukunft gefordert sein würden.

Ohne Zweifel wusste Rudolf Steiner, welch schwierigen Zeiten die Anthroposophie und ihre Dornacher Hochschule entgegen gingen – und wie sehr sie in diametraler Opposition zur machtvoll herrschenden und sich immer weiter ausbreitenden Richtung stand. Die Auseinandersetzung mit den Kräften des Bösen, so stellte er in vielen anthroposophischen Vorträgen dar, war die zentrale Herausforderung der gegenwärtigen Kulturepoche, und dies auf der Erkenntnis- *und* Handlungsebene. Vom «vollbewussten Kampf gegen das in der Menschheitsentwickelung auftretende Böse» sprach Rudolf Steiner in Dornach einige Jahre nach der Grundsteinlegung in einem Vortrag[69]; bereits 1913 aber wusste er um diese Aufgabenstellung und bezog sie in die Grundsteinlegungs-Handlung – sehr wahrscheinlich zum Erstaunen der Anwesenden – an zentraler Stelle ein. *(«Es walten die Übel ...»)* Darüber hinaus war Rudolf Steiner deutlich, dass die Gemeinschaftsfrage auch diesbezüglich in Zukunft von entscheidender Bedeutung sein würde. Die Auseinandersetzung mit dem Bösen, die zur okkulten Aufgabenstellung der Dornacher Hochschule gehörte, war von isolierten Einzelnen keinesfalls erfolgreich zu leisten. Zwingend notwendig war vielmehr auch in diesem Bereich das vereinte Wirken der Anthroposophischen Gesellschaft. Die Widersacherkräfte der Destruktion würden in Zukunft ohne Zweifel versuchen, in den Kreis der Gemeinschaft einzubrechen und sich dabei der seelischen Schwächen der Einzelnen bedienen. Diesen Einbruch der Verführungs- und Verfremdungskräfte in die unverwandelten Seelenregionen spirituell suchender Menschen hatte Rudolf Steiner in allen vier Mysteriendramen der Jahre 1910 bis 1913 dramatisch inszeniert und vor (und *von*) den Mitgliedern der Anthroposophischen Gesellschaft aufführen lassen. *«Das Rosenkreuzertum hat in sich die Impulse, die entgegengestellt werden sollen den Dämonen»*, sagte Rudolf Steiner[70], und er wusste, welche Wachsamkeit die Gemeinschaft in Zukunft ausbilden musste, um diesen gefährlichen Kampf führen und erfolgreich bestehen zu können. Indem er das «umgekehrte Vaterunser» des «Fünften Evangeliums» in seine Ansprache zur Grundsteinlegung einbezog und es zweimal sprach – als das zentrale Mantram des 20.9.1913 –, machte Rudolf Steiner indirekt deutlich, dass seine Inhalte keinesfalls restlos durch das Mysterium von Golgatha abgelöst und aufgehoben waren. Warum hätte er die uralten Strophen sonst innerhalb des Weihe-Aktes einer Stätte sprechen sollen, die nicht der vorchristlichen Vergangenheit, sondern bedingungslos der Zukunft gewidmet war? Der Christus Jesus hatte durch seine Wirksamkeit eine gegenläufige Entwicklungsrichtung innerhalb seiner esoterischen Jüngerschar initiiert, die nach Pfingsten in die Welt gezogen war – nahezu zweitausend Jahre später aber walteten die «Übel» und die Kräfte des Bösen noch immer (oder vielmehr in intensivierter Weise) in der Tiefe der Menschenseelen. Die egozentrischen Kräfte der Persönlichkeitskultur, die sich «lösende Ichheit» und die «von andern erschuldete Selbstheitschuld» waren in der Gesamtzivilisation *und* im Kreis der Anthroposophen keineswegs überwunden, im Gegenteil – und auch das Vergessen der göttlich-geistigen Intentionen und Kräfte, des «Himmels Wille», in den praktischen Vollzügen des Lebens hielt nach wie vor an, und dies auch in Dornach, der prädisponierten Mysterienstätte. Der Mensch vergaß nicht nur den «Namen» der hohen Hierarchien, sondern handelte ganz überwiegend so, als ob es sie nicht gäbe. Indem Rudolf Steiner das umgekehrte Vaterunser in mantrischer Form sprach, rief er diese Zusammenhänge mit Nachdruck ins Bewusstsein; zugleich ermöglichte er eine Form der Gemeinschaftsbildung am Abgrund – und nicht lediglich am gemeinsamen Ideal des Guten. In dieser Hinsicht unterschied sich der Mysterienakt der Dornacher Grundsteinlegung nachdrücklich von anderen Anfängen. Er vollzog sich nicht ausschließlich in der Anrufung des Wahren, Guten und Schönen – des positiven Ideals –, sondern auch im Angesicht des Bösen, und war damit ein ritueller Vorgang der Moderne.

*

Für das Bestehen der ohne Zweifel schwierigen Aufgaben setzte Rudolf Steiner auf die Entwicklung des Einzelnen und der Gemeinschaft in und am Bau, einem *«Wahrbau»*, von dem er sagte, dass er ein «Eckstein» der weiteren Entwicklung werden würde. Rudolf Steiner setzte auf die Schulungshilfe durch die Formgestalten, die in allen Einzelheiten zur Selbsterkenntnis aufriefen und zugleich zentrale Elemente der Zukunft in künstlerischer

Weise zum Vorschein brachten. Bereits bei der ersten Generalversammlung des Johannesbauvereins Ende 1911 in Berlin – in deren nächstem zeitlichem Umkreis die Bekanntgabe der «Stiftung für Theosophische Art und Kunst» erfolgt war – hatte Rudolf Steiner über den künftigen Innenraum des Baus gesprochen, *«der sich selbst verleugnet, der keinen Egoismus mehr des Raumes entwickelt, der selbstlos an allem, was er an Farben, an Formen darbieten wird, nur da sein wird, um das Weltall in sich hereinzulassen»*[71]. In dieser Weise sollten die Bauformen und -farben, ja, die ganze künstlerische Gestaltung des in Dornach Veranlagten – bis hin zur zentralen Plastik des «Menschheitsrepräsentanten» – dem Einzelnen und der Gemeinschaft helfen, sich in ihren Kräften fassen und mit diesen in die zivilisatorische Arbeit eintreten zu können.[72] In seiner Rede im direkten Anschluss an die Grundsteinlegung sprach Rudolf Steiner von einem «großen geistigen Kampf», der «durchglüht vom Feuer der Liebe» geführt werden müsse.[73] Eineinhalb Jahre später, zu Pfingsten 1915, hieß es in einer anderen Ansprache in Dornach:

> [...] Wir werden nicht mit Stolz, sondern in aller Demut empfinden, was durch die Geisteswissenschaft in die Welt zu tragen ist, werden es aber insbesondere empfinden in unserer harten Zeit, in unserer Zeit, die an unsere Empfindungen so viele Fragen stellt, die nur beantwortet werden können, wenn Geisteswissenschaft sich wirklich Geltung verschaffen kann. Niemandes Hochmut möchte ich aufstacheln, aber wiederholen möchte ich doch ein Wort, das einmal gesprochen worden ist, als auch bei großer Gelegenheit die Rede davon war, was geschehen soll durch die Gemüter, die etwas aufgenommen hatten, die es hinaustragen sollten. Es wurde diesen Gemütern – auch nicht um ihren Hochmut zu erregen, sondern an ihre Demut appellierend – gesagt: *«Ihr seid das Salz der Erde.»*[74]

Den kupfernen Doppeldodekaeder-Grundstein mit den eingehängten Pyritkristallen übergab Rudolf Steiner am 20. September 1913 in einem rituellen Akt dem Dornacher Boden (inmitten einer schützenden Betonhülle); ob und inwieweit die anthroposophische Gemeinschaft jedoch in der Lage sein würde, diesen Grundstein in sich selbst, in ihre eigene Substanz, aufzunehmen, blieb vorläufig offen. Es ging, wie Rudolf Steiner in seiner ersten Erinnerungsansprache an die Grundsteinlegung ein Jahr später sagte, vordringlich um die «Gesinnung» der einzelnen Anthroposophen und ihrer esoterischen Gemeinschaft, die als «geistiger Grundstein» im Herzen leben musste, wenn das in Dornach intendierte Ziel auch nur annähernd erreicht werden sollte. («Das, meine lieben Freunde, muss auch ein Grundstein sein, den wir legen wollen in unser Herz, auf dem wir aufbauen wollen den unsichtbaren Bau, für den der sichtbare Bau das äußere Symbolum ist.»[75]) Die Grundsteinlegung des Jahres 1913 und die an ihr durchgemachten Erlebnisse sollten sich den Teilnehmern «einschreiben», so hatte Rudolf Steiner bereits zu Beginn der Handlung gesagt. («Versucht in Eure Seelen hineinzuschreiben das Große des Augenblicks, den wir durchmachen am heutigen Abend.») Diese zu leistende «Inschrift» sah er ohne Zweifel im Zusammenhang mit dem spirituellen Herzorgan stehend – dem zentralen Schicksalsorgan der menschlichen Existenz, das die Handlungen und Handlungsintentionen in sich aufnehmen («einschreiben»), mit der karmischen Vergangenheit in Beziehung setzen und der Zukunft einverwandeln kann.[76] Im Herzen der Anthroposophen, so deutete Rudolf Steiner an, lag ihr besonderes Schicksal verborgen, für das sie zu erwachen hatten. Zu den herausragenden Momenten oder zumindest *Chancen* dieses Erwachens gehörte die Grundsteinlegung des Dornacher Baues und seiner Hochschule – im Vollzug und in der Erinnerung.

*

2.

Die übersinnliche Michael-Gemeinschaft und das Schicksal der Anthroposophischen Gesellschaft

Vortrag Dornach, 21. Februar 2013

Es entwickelt sich im Übersinnlichen die intensivste Vorbereitung der Michael-Impulse, die in diesem unserem Zeitalter gewissermaßen vom Himmel auf die Erde getragen worden sind.[77]

Abb. 2: Die kämpfende Michael-Gemeinschaft

Liebe Freunde,

Fragt man nach der Geschichte und nach dem Schicksal der Anthroposophischen Gesellschaft und Bewegung, so ist es notwendig, in «voller Erkenntnisbesinnung» übersinnliche Tatsachen zu berücksichtigen, wie Rudolf Steiner lehrte.[78] Wir schreiben üblicherweise Biographien und geschichtliche Dokumentationen, aber wir sollten dies in dem Bewusstsein tun, dass damit das Eigentliche der anthroposophischen Gemeinschaft nicht erfassbar ist. Eine «Anknüpfung» an dasjenige, «was in den letzten Jahrhunderten [irdisch] vorangegangen ist», war für die Gemeinschaft der Menschen um Rudolf Steiner nur sehr bedingt möglich. Die Erkenntnis- und Handlungsimpulse dieser Gemeinschaft entstanden nicht (oder nicht in erster Linie) in irdischen Zusammenhängen, im «Kontext» des Raumes und der Zeit – obwohl man deren Vorgänge, wie Rudolf Steiner betonte, «kennen» musste: *«Anknüpfen [aber] muss man mit dem heutigen Zeitbewusstsein an dasjenige, was im Übersinnlichen sich in den letzten Jahrhunderten abgespielt hat.»*[79]

Rudolf Steiner wollte nach der Weihnachtstagung, dass diese Zusammenhänge endlich bedacht, verstanden und verinnerlicht würden. Er sprach wiederholt vom notwendigen «esoterischen Zug», der von nun an durch die anthroposophische Bewegung ziehen müsse. («Erst dadurch wird es möglich sein, der anthroposophischen Bewegung ihren wirklichen spirituellen Inhalt zu geben.»[80]) In seinen Karma-Vorträgen eröffnete er ab dem Frühsommer 1924, nach längerer, sehr systematischer Vorbereitung, dann erstmals Einzelheiten jener Werdestufen der anthroposophischen Gemeinschaft im Übersinnlichen – Einzelheiten, von denen er hoffte, dass sie in ihrer Tiefe begriffen und in bedrängter Zeitlage in den handelnden Willen aufgenommen würden. Er sprach von geistigen Erfahrungen umschriebener Menschenkreise in der vorgeburtlich-geistigen Welt, ja, von der sich in Stufen vollziehenden Ausbildung der Michael-Gemeinschaft als eines konkreten Sozialzusammenhanges mit genau umschriebenen Aufgaben und Zielen. *«So wurden die Seelen vorbereitet, die dann heruntersteigen in die physische Welt, und die aus allen diesen Vorbereitungen den Drang erhalten sollten, hinzugehen zu dem, was dann als Anthroposophie auf Erden wirken soll.»*[81] In diesem Sinne handelten Rudolf Steiners Karma-Vorträge nicht lediglich von den Schicksalen einzelner, weltgeschichtlich wirksamer Individualitäten, sondern in erster Linie von Gemeinschaften – und insbesondere von jener Gemeinschaft, die im engen Zusammenhang mit Michael stand und von allesentscheidender Bedeutung für Dornach und die Freie Hochschule für Geisteswissenschaft war. Diese Gemeinschaft bildete sich im Übersinnlichen und Ungeborenen – in jener Welt, in der Seelen tatsächlich vermögen, im Sein der Anderen mitzuleben, d. h. in einer Weise und Intensität aneinander Anteil nehmen, die auf Erden gewöhnlich nicht erreicht wird und von der die frühkindliche Fähigkeit der Nachahmung noch einen letzten, allerdings bedeutenden Abglanz darstellt.[82] – Rudolf Steiner erläuterte in seinen Ausführungen auch, inwiefern die Michael-Gemeinschaft einen besonderen Zusammenhang mit der geistigen Sonne und dem Herz-Organ hat, auf dessen Geheimnisse er seine anthroposophischen Freunde immer wieder aufmerksam zu machen versuchte.

*

In seinen Karma-Vorträgen beschrieb Rudolf Steiner im Wesentlichen *drei* kosmische Werde-Etappen der Michael-Gemeinschaft seit der Zeitenwende – und er betonte, dass die ersten beiden davon sich in der Sphäre der geistigen Sonne zutrugen.

Das Mysterium von Golgatha, ja, bereits den Vorgang der Hinwendung des Christus-Geistes zur Erde, beobachtete Michael, so Rudolf Steiner, von der «geweihten Sonnenstätte» aus, gemeinsam mit seinem «Strahlenkleid» – den geistigen Scharen der Angeloi und Archangeloi, die zu ihm gehörten, aber auch zusammen mit zahlreichen Menschenseelen. Diese Menschenseelen, so führte Rudolf Steiner aus, dienten den Angeloi und waren vom Schicksal dazu ausersehen («prädisponiert»), in späteren Zeitaltern zur Anthroposophie finden und sie irdisch vertreten zu können.

Christus' Verlassen der Sonnensphäre, sein reales «Fortgehen», war, wie Rudolf Steiner darstellte, ein gewaltiges, tiefgehendes und erschütterndes Erlebnis für die Gemeinschaft um Michael, den führenden Sonnen-Erzengel: «Das ist [...] eines der Ereignisse, die wir ins Auge fassen müssen: dass ja in denjenigen Menschenseelen, die mitverbunden sind mit der anthroposophischen Bewegung, jener Anblick vorhanden ist: ‹*Wir sind mit Michael auf der Sonne vereinigt, der Christus, der bis dahin von der Sonne aus seine Impulse nach der Erde geschickt hat, er geht fort von der Sonne, um sich mit der Erdenentwickelung zu verbinden!*›»[83] Rudolf Steiner beschrieb nicht im Einzelnen, wann sich – nach irdischer Zeitrechnung – dieser «Anblick» vollzog, der nicht nur die beginnende Lösung des Christus von der Sonne, sondern den gesamten Prozess seiner Zuwendung zur Erde und ihre Kulmination im Mysterium von Golgatha umschloss.[84] Christus, so wurde der Michael-Gemeinschaft deutlich, verband sein Schicksal mit der Erde und der gefährdeten Menschheit. Er trug die Sonnenkräfte opfernd zur Erde oder bereitete ihnen zumindest den Weg – und ermöglichte dadurch die ersten Elemente dessen, was sich in späterer Zeit einmal zum Sonnewerden der Erde ausgestalten sollte[85]:

Licht ist Liebe ... Sonnen-Weben
Liebes-Strahlung einer Welt
schöpferischer Wesenheiten –

die durch unerhörte Zeiten
uns an ihrem Herzen hält,
und die uns zuletzt gegeben

ihren höchsten Geist in eines
Menschen Hülle während dreier
Jahre: da Er kam in Seines

Vaters Erbteil – nun der Erde
innerlichstes Himmelsfeuer:
dass auch sie einst Sonne werde.[86]

*

Für Michael, so führte Rudolf Steiner aus, war die miterlebte Hinwendung des Christus zur Erde, sein «Verlassen» der Sonne und seine Verbindung mit dem Schicksal der Menschheit, das Zeichen dafür, nunmehr auch dasjenige schrittweise der Erde zu übergeben, was er bis dahin in kosmischen Höhen als Diener der göttlich-geistigen Mächte für die Menschheit «verwaltet» hatte – die «Weltgedanken» der «kosmischen Intelligenz».[87] Sie waren bis zur Zeitenwende im Wesentlichen im sakralen Bereich der Mysterienstätten wirksam geworden – als «himmlische Inspiration» menschlichen Denkens, und hatten von da aus fördernd auf die allgemeine Zivilisationsentwicklung gewirkt. Christus, so Rudolf Steiner, hatte in den vorchristlichen Zeiten von der Sonne seine Impulse zur Erde gesandt, und so auch Michael. «Er war unter den Erzengeln, insofern diese die Sonne bevölkern, der hervorragendste. Er war derjenige Geist, welcher von der Sonne aus nicht nur die physisch-ätherischen Sonnenstrahlen sandte, sondern welcher in den physisch-ätherischen Sonnenstrahlen die inspirierende Intellektualität auf die Erde sandte.»[88] Das spirituelle Denken führender Kreise war von Michael kosmisch inspiriert worden, nachdem sich die Menschen in den Initien einer entsprechenden Schulung unterzogen hatten, die ihnen gestattete, eine geistige Sensitivität für dasjenige zu entwickeln, was das «Welten-Wesens-Licht» und des «Geistes Weltgedanken» im eigentlichen Sinne waren und von den Menschen verlangten.

Auf der anderen Seite hatte Michael bereits *vor* der Zeitenwende in gewisser Weise daran gearbeitet und vorbereitend dafür gewirkt, dass die kosmischen Intelligenzkräfte in Zukunft schrittweise in den Innenraum der Menschenseele auf Erden einziehen konnten. In der Zeit von Michaels letzter «Zeitgeist»-Regentschaft vor dem Ereignis von Golgatha hatte in erster Linie Aristoteles im vierten vorchristlichen Jahrhundert eine «innere Intelligenzwirkung» dargelebt, die – aus dem Raum der Mysterien heraustretend – die beginnende Loslösung der irdischen von der kosmischen Intelligenz markierte, und in sich selbst Ausdruck des wirkenden Michael-Impulses war.[89]

Michael wusste im Mit- und Nachvollzug des Christus-Weges zur Erde, dass die Begründung der rein irdischen, von ihrem kosmischen Ursprung getrennten Intelligenz eine Zukunftsnotwendigkeit der gesamten Menschheitsentwicklung war. Aber erst im Erleben der Zeitenwende – gemeinsam mit seinen hierarchischen «Scharen», aber auch exkarnierten menschlichen Individualitäten wie Plato, Aristoteles und Alexander, die zu den wesentlichen Mitgliedern der Michael-Gemeinschaft gehörten – fasste der führende Sonnenerzengel, so Rudolf Steiner, den wirklichen Entschluss, die Intelligenz nunmehr vollkommen freizugeben und als «heiligen Regen» auf jene Erde herunterströmen zu lassen, die Christus als Stätte seiner Menschwerdung erwählt hatte und in deren Umraum er seit dem Mysterium von Golgatha in konkreter Weise lebte.

Fass es, was sich dir enthüllt!
Ahne dich hinan zur Sonne!
Ahne, welche Schöpfer-Wonne
jedes Wesen dort erfüllt!

Klimm empor dann dieser Geister
Stufen bis zur höchsten Schar!
Und dann endlich nimm Ihn wahr:
Aller dieser Geister Meister!

Und dann komm mit Ihm herab!
Unter Menschen und Dämonen
Komm mit Ihm, den Leib bewohnen,
den ein Mensch Ihm fromm ergab.

Fasst ein Herz des Opfers Größe?
Misst ein Geist dies Opfer ganz? –
Wie ein Gott des Himmels Glanz
Tauscht um Menschennot und -blöße![90]

*

Der Prozess der Übergabe der intelligenten Kräfte aus des Kosmos' Höhen in die Zusammenhänge der Erde bzw. die Konzentration der ehemals durch den ganzen Kosmos wirkenden Intelligenz in der menschlichen Individualität dauerte lange. Erst im ca. neunten nachchristlichen Jahrhundert, so schilderte Rudolf Steiner, kamen die von Michael bis dahin verwalteten Intelligenz-«Strahlungen» auf der Erde vollständig an – und erste Theologen und Philosophen (wie Duns Scotus Erigena, aber auch Harun al Raschid) traten auf, die im tatsächlichen Sinne «Eigendenker» waren und keinem kosmisch inspirierten Gedankenwesen mehr unterstanden. «Mit dem neunten Jahrhundert [...] leuchtete in den Menschenseelen die persönlich-individuelle Intelligenz auf. Der Mensch bekam das Gefühl: *Ich bilde* die Gedanken. Und dieses Bilden der Gedanken wurde das Überragende im Seelenleben, so dass die Denkenden das Wesen der Menschenseele im intelligenten Verhalten sahen.»[91] «Und innerhalb des Erzengelchores in der Sonnenregion ertönte von Michaels Wesenheit aus das gewaltige Wort: ‹Was die Kraft meines Reiches war, was von hier aus durch mich verwaltet worden ist, es ist nicht mehr hier; es muss dort unten auf der Erde weiterströmen und -wellen und -wogen!›»[92]

Während Michael zu dieser Zeit nicht in die Erdengeschicke eingreifen konnte, ergaben sich mit der Metamorphose der kosmischen in die irdische Intelligenz wichtige neue Inkarnationsaufgaben für Menschenseelen, die Angehörige der Michael-Gemeinschaft waren und innerhalb dieser in einer besonderen Verantwortung standen. Wie Rudolf Steiner betonte, inkarnierten sich nunmehr u.a. jene Individualitäten, die der platonischen Etappe der letzten, vorchristlichen Michaels-Epoche angehört hatten – und damit dem aristotelischen Umschwung des Gedankenwesens (in Richtung der «inneren Intelligenzwirkung») unmittelbar vorausgegangen waren. Sie bildeten auf Erden das Lehrerkollegium der bedeutenden, weithin ausstrahlenden Schule von Chartres, in deren grandiosen Unterweisungen und Schulungen nicht nur imaginative Bilder der Welt- und Menschheitsentwicklung sowie eines durchchristeten Platonismus lebten – eines Christentums im Glanz alter Mysterien –, sondern ein Umgang mit der Intelligenz, der noch Qualitäten ihrer kosmischen Herkunft vorwies bzw. um diese kosmische Dimension wusste. «Gewaltige Lehrer! Wie wenn Plato, interpretierend das Christentum, persönlich unter diesen Geistern gewirkt hätte, so sprachen sie in der Schule von Chartres. Sie lehrten den spirituellen Gehalt des Christentums. [...] Sie lehrten nicht mit dem Intellekt. Sie lehrten ganz und gar in mächtigen Bildern, die sie vor ihren Zuhörern entrollten – Bilder, in denen anschaulich das hingestellt wurde, was spiritueller Gehalt des Christentums ist.»[93]

Demgegenüber bildeten aristotelisch ausgerichtete Individualitäten – darunter auch die Individualität des Aristoteles selbst – in der unmittelbar nachfolgenden Zeit den innersten Kern der Dominikaner-Gemeinschaft, eines ursprünglichen Armuts- und Bettelordens, dessen tonangebenden, mit brillanten Geistesgaben ausgestatteten Mitgliedern es in kürzester Zeit gelang, an die Universitäten vorzudringen und am öffentlichen Geistesleben ihrer Zeit gestaltend mitzuwirken. Dies war insofern von vorrangiger Bedeutung, weil es zu den hauptsächlichen Aufgaben der Michael-Gemeinschaft gehörte, für die «Verwaltung» des intellektuellen Lebens auf Erden nunmehr Sorge zu tragen. Die «Michaeliten» des Dominikaner-Ordens, die – wie die ihnen vorausgehenden und mit ihnen spirituell befreundeten Platoniker – das Mysterium von Golgatha gemeinsam mit Michael aus der Sonnen-Sphäre verfolgt hatten, vertraten den geistigen «Realismus» des Gedankenlebens, d. h. setzten sich für die Anerkenntnis der Tatsache ein, dass Ideen reale Wesenheiten und nicht sprachgewordene abstrakte Konstrukte menschlicher Subjekte sind. «Man muss [...] der Lehre des Aristoteles folgend sagen, dass der Gedankeninhalt [...] die Natur oder die Wesenheit des betreffenden Dinges ist.» (Thomas von Aquin[94]) «Geistige Realität wird von den realistischen Scholastikern demjenigen zugeschrieben, was der Mensch durch seine Gedanken erfasst, geistige Realität. Es ist eine dünne Geistigkeit, die da gerettet werden konnte, aber es ist Geistigkeit.»[95] *«Die ganze Scholastik ist ein Ringen der Menschen nach Klarheit über die hereinströmende Intelligenz [...], der lichtvollen, der spirituellen Intelligenz»*, betonte Rudolf Steiner[96] und wies darauf hin, dass es die Aufgabe der Dominikaner war, die Intelligenz *so* weiterzuentwickeln, dass sich Michael im kommenden Zeitalter seiner erneuten Erdenwirksamkeit, seiner nächsten «Michaels-Epoche», wieder mit ihr würde vereinigen können – und dies im und durch das Menschenwesen.[97]

In dieser Weise arbeiteten die Platoniker der Schule von Chartres und die ihnen nachfolgenden, von ihnen mitinspirierten Dominikaner um Albertus Magnus und Thomas von Aquin daran, dass das Bewusstsein der Mysterien menschlicher Intelligenz und ihres kosmischen Hintergrundes nicht verloren ging und sich ein Ich-Begriff schrittweise entwickeln konnte, der die Aktivität und Autonomie des denkenden Menschengeistes mit einer Teilhabe an übergreifenden Ordnungen verband, d. h. selbst eine kosmische Orientierung hatte. Die platonischen und aristotelischen Seelen bereiteten auf diese Weise Michaels Wege, um dessen kommende Erden-Zuwendung sie wussten, und wirkten in dieser Richtung gemeinsam, aber mit je anderer Akzentuierung, für die Zukunft.[98] Beide Gruppierungen, die zum innersten Kern der Michael-Gemeinschaft gehörten und im Dienst Michaels standen, lebten, so Rudolf Steiner, auf das letzte Drittel des 19. Jahrhunderts zu, in dem der führende Sonnenerzengel erneut zum entscheidenden Zeitgeist – im Range eines Archai – werden und die Entwicklung der Zivilisation wesentlich mitkonfigurieren würde. Um diese Zukunft effektiv vorbereiten zu können, hatten die Platoniker von Chartres und die führenden Individualitäten der Ordensgemeinschaft des Dominikus ihre aufeinanderfolgenden Inkarnationen – unter Führung Michaels – in der vorgeburtlichen Sphäre aufeinander abgestimmt. «Man konnte heraufkommen sehen in lebendiger Art [die] Anthroposophie wie ein Wesen, das geboren werden musste, das aber wie in einem Mutterschoße ruhte in demjenigen, was aus den ersten christlichen Jahrhunderten herein auf Erden die Schule von Chartres vorbereitet hatte und was dann seine Fortpflanzung gefunden hat im Übersinnlichen und im Zusammenwirken mit dem, was auf Erden fortwirkte in der aristotelisch gefärbten Verteidigung des Christentums.»[99]

*

Die entscheidende nächste kosmische Entwicklungsetappe der Michael-Gemeinschaft vollzog sich dann, Rudolf Steiners weiteren Schilderungen zufolge, erneut in der *Sonnen-Sphäre* – und damit in jener Zeit des Daseins zwischen Tod und neuer Geburt, die unter den nachtodlichen Werde-Epochen der menschlichen Individualität nicht nur am längsten währt, sondern entscheidend mit der Schicksalsbildung zur Zukunft verbunden ist. In der Sonnen-Sphäre ereignen sich wesentliche Schritte zur geistigen Konzeption der nächsten Erdenleiblichkeit, aber auch der Schicksalskonstellation und -bejahung – im Zusammenspiel mit der ersten Hierarchie.[100] Es ist eine Sphäre der reinen Güte und Liebe, in der die reinsten Intentionen der Einzelnen und der Gemeinschaft zum Tragen kommen.[101]

In diesem kosmischen Bereich, der in den vorchristlichen Zeiten vom Christus-Wesen selbst als zentrale Stätte seines «Aufenthaltes» gewählt worden war, unterrichtete Michael seine Schüler ab dem Beginn des 15. Jahrhunderts, als auf Erden das Zeitalter der «Bewusstseinsseele» begann und sich die Rosenkreuzergemeinschaft formierte. In der Zivilisationsentwicklung der Menschheit entfaltete sich der Materialismus Schritt um Schritt, und Michael war noch Jahrhunderte von seiner nächsten irdischen Wirkensmöglichkeit entfernt. Befreit von seinen ehemaligen Aufgaben – der «Verwaltung» der kosmischen Intelligenz – und weitgehend ohne Möglichkeit, in die Geschicke der inkarnierten Menschen eingreifen zu können, hielt Michael *«in himmlischer Einsamkeit»* «Schule».[102] Erneut – wie zur Zeit der Zeitenwende – waren um ihn die «Seinen» versammelt, Wesenheiten aus der dritten Hierarchie («die zur Michael-Strömung gehörten»), «eine große Summe von Elementarwesen», aber auch die mit Michael besonders verbundenen Individualitäten, darunter die Lehrer von Chartres (wie Alanus ab Insulis oder Bernardus Silvestris) und die geistigen Leiter des Dominikaner-Ordens – sowie sehr viele weitere Seelen, «deren innerer seelischer Zug hindrängte nach einer Erneuerung des Christentums»[103]. Im kosmischen Raum einer umfassenden Liebe vollzog sich der nächste Schritt der spirituellen Gemeinschaftsbildung – und dies in einer über nahezu drei Jahrhunderte andauernden Schulung. Michael lehrte, so Rudolf Steiner, anthroposophische und kosmosophische Zusammenhänge, Menschen- und Weltgeheimnisse, «wunderbare grandiose Lehren» in «großen, gewaltigen Weltenworten», die als «innere Herzenslehren» zur

Gemeinschaft drangen. Er ließ für die Gemeinschaft lebendig werden, «was einstmals in den Sonnenmysterien als Michael-Weisheit gelebt hat», schilderte jedoch in gewisser Hinsicht auch den Gang der Kultur- und Bewusstseinsentwicklung, an der die ihm zuhörenden Menschenseelen selbst teilgenommen hatten:

> Da wurde dann in einer grandiosen Weise zusammengefasst, was in aristotelischer Fortsetzung Platonismus war und durch Alexander den Großen hinübergebracht war nach Asien, hinuntergebracht war nach Ägypten. Es wurde auseinandergesetzt, wie da drinnen noch die alte Spiritualität lebte.[104]

Michael, so Rudolf Steiner weiter, fasste jedoch nicht nur die alte Initiationsweisheit, die «großen Lehren der alten Mysterien», in einem umfassenden Panorama zusammen, sondern bereitete damit zugleich ihren Übergang in das intelligente Bewusstsein bzw. in die «Bewusstseinsseele» vor. Die Inhalte der alten oder uralten Verkündigung mussten der Tatsache Rechnung tragen, dass die ehemals kosmische Intelligenz in den vorausgegangenen Jahrhunderten irdisch geworden war – und zunehmend einer Verarbeitung durch die Eigenintelligenz der Menschen zugänglich werden musste. «Alles, was da [in der Michael-Schule] gelehrt wurde, wurde unter dem Gesichtspunkte gelehrt, dass nun auf andere Art in der Menschheitsentwickelung unten, durch Eigenintelligenz der menschlichen Seele, das Michaelsmäßige ausgebildet werden müsse.»[105] Der in der kosmischen Sonnensphäre über drei Jahrhunderte sich vollziehende «Unterricht» war in diesem Sinne nicht nur Rekapitulation, sondern Schicksals-Vorbereitung für die Zukunft – er war nicht lediglich Rückschau, sondern zugleich ein «gewaltiger Ausblick auf das, was geschehen soll». Michael lehrte, so Rudolf Steiner, dasjenige, «was zu geschehen hat, wenn das neue Michael-Zeitalter beginnt». Seine Mitarbeiter und Schüler erhielten «hinreißende Ermahnungen», die dahin zielten, *«dass diejenigen, die um Michael sind, sich [in der Zukunft] hineinstürzen mögen in die Michael-Strömung, die Impulse aufgreifen mögen, damit die Intelligenz wiederum mit der Michael-Wesenheit vereinigt werde»*. Vorbereitet wurde so das gemeinsame zukünftige Schicksal – in einer Weise, die ein Novum in der Erd- und Menschheitsentwicklung war, wie Rudolf Steiner betonte.[106]

*

Die weiteren Entwicklungen auf der Erde in den Zeiten der «Michael-Schule» verfolgten die Mitglieder der «Michael-Gemeinschaft» dabei intensiv mit. Von der kosmischen Sphäre der Sonne aus erlebten sie noch im ersten Drittel des 15. Jahrhunderts mit (d. h. ganz zu Anfang ihrer Mysterien-Unterweisungen), wie die erste Hierarchie die Intelligenzkräfte auf Erden vollständig in das Nerven-Sinnessystem des Menschen hineinleitete. Die Michael-Gemeinschaft nahm die Dramatik dieser Vorgänge auf Erden in elementarer Weise wahr – sie sah den Erdorganismus «umtobt von gewaltigen Blitzen und Donnern»[107] und erlebte die vollständige Umgestaltung des Menschenwesens. Die erste Hierarchie des Kosmos, die Seraphim, Cherubim und Throne, drang bis zum Innersten des menschlichen Hauptes vor und organisierte ihm die Möglichkeiten intelligenten «Kopf-Denkens» ein, d. h. rein kognitiver, am Nerven-Sinnessystem gespiegelter und in sich abstrakter Denkvollzüge. Der selbstdenkende Mensch der dem Zeitalter der «Bewusstseinsseele» unmittelbar vorangegangenen Jahrhunderte hatte unter Mitbeteiligung seiner übrigen Seelenkräfte gedacht; nun erst war durch die Tat der ersten Hierarchie die Möglichkeit organisch-physiologisch gegeben, ein reines Hauptesdenken ohne Mitbeteiligung anderer Seelenkräfte auszubilden, was ein integrales, ja, konstitutives Element des angebrochenen neuen Zeitalters menschlicher Bewusstseinsgeschichte und Zivilisationsentwicklung bildete.

Des Weiteren erlebten die Mitglieder der «Michael-Schule» in den Jahrhunderten ihrer Unterweisung in der Sonnensphäre mit, was sich als Reaktion auf ihre Mysterienschulung und Zukunftsvorbereitung auf Erden als Widerstand entfaltete und seinerseits formierte. Während sich die Michael-Schule und -schulung, so Rudolf Steiner, im Bereich der Sonne «gewaltig ausbreitete», regte sich der geballte Widerstand der ahrimanischen Macht auf Erden

– *«[die Michael-Schule] war etwas Ungeheueres, etwas, was die ahrimanischen Dämonen auf der Erde, gerade im 15., 16., 17. bis ins 18. Jahrhundert herein, in allertiefster Weise beunruhigte, was sie in furchtbare Erregung brachte»*[108]. Ahriman installierte schließlich eine Gegen-Schule zur Michael-Schule, die nicht in kosmischen Sonnen-Höhen, sondern in den Tiefen des Erdplaneten – «unterirdisch» – ihre Arbeit begann und von dort herauf ihre Kräfte in die Menschheitsentwicklung sandte. Rudolf Steiner beschrieb – oder skizzierte – ihre mit «dämonischen geistigen Dünsten aufsteigenden Impulse», die in der Zivilisationsentwicklung auf Erden unter anderem die Entwicklung der Buchdruckerkunst förderte. Der «mechanisch fixierte» Buchstabe wurde zu einem Instrument Ahrimans, das Michael entgegengestellt wurde – der seinerseits anstrebte, ab dem 19. Jahrhundert die Kopfintelligenz des Menschen erneut mit Herzensprozessen und damit mit der gesamten menschlichen Wesenheit zu vereinen. Dieser Entwicklungsrichtung stellte sich Ahriman mit aller Macht entgegen. Er wollte die auf Erden gefallene, d.h. kosmisch freigegebene Intelligenz «aufsaugen», mit sich selbst verbinden und dadurch Michael für immer «entreißen»: «[…] In derselben Zeit, in der die Intelligenz vom Kosmos auf die Erde sank, wuchs immer mehr und mehr die Aspiration der ahrimanischen Mächte, diese kosmische Intelligenz, indem sie irdisch wurde, dem Michael zu entreißen, sie auf der Erde allein, Michael-frei, geltend zu machen. Das war die große Krisis vom Beginne des 15. Jahrhunderts bis heute, die Krisis, in der wir noch drinnenstehen, die Krisis, die sich ausdrückt als der Kampf Ahrimans gegen Michael: Ahriman, der alles aufwendet, um streitig zu machen dem Michael die Herrschaft über die Intelligenz, die jetzt irdisch geworden war […].» [109] Rudolf Steiner sprach von einem gewaltigen Kampf, der mit dem 15. Jahrhundert begann und sich – vor den Augen der Michael-Schüler – immer weiter entfaltete und steigerte. *(«Anthroposoph sein heißt unter manchem anderen: diesen Kampf wenigstens bis zu einem gewissen Grade zu verstehen.»*[110]*)* Für die Schüler und Mitarbeiter Michaels ergab sich zur Zeit ihrer Sonnen-Periode die Aufgabe, die Konfiguration und Dramatik dieses Kampfes zumindest anfänglich wahrzunehmen, um an ihm später aktiv zugunsten Michaels mitwirken zu können.

Über die Situation in den letzten Jahrzehnten des 19. Jahrhunderts, kurz nach der beginnenden Inkarnation von führenden Mitgliedern der Michael-Gemeinschaft, hieß es in einem Vortrag Rudolf Steiners: «Hinter einem Schleier spielten sich gewaltige Erscheinungen ab, die sich alle herumgruppierten um das Geistwesen, das wir als Michael bezeichnen. Da waren mächtige Anhänger Michaels, Menschenseelen, die dazumal nicht im physischen Leib waren, sondern zwischen dem Tod und einer neuen Geburt standen, aber auch mächtige dämonische Gewalten, die sich auflehnten unter ahrimanischen Einflüssen gegen das, was durch Michael in die Welt kommen sollte.»[111]

Die Sonnen-Passage der Michaelschüler in den drei Jahrhunderten, die auf den Anbeginn des Bewusstseinsseelen-Zeitalters folgten, bekräftigte, so Rudolf Steiner, die Entschiedenheit der Einzelnen, in der geschilderten Ausrichtung und mit existenziellem Einsatz in Zukunft vorzugehen. Der «Drang zur Anthroposophie» und die Bereitschaft, ab dem Ende des 19. Jahrhunderts für dasjenige einzutreten, was als «Anthroposophie» von da an in die Zivilisation eindringen konnte, entstand zu dieser Zeit, ja, war ein zentrales Resultat der durchlaufenen Unterweisungen. *(«Derjenige, der wirklich den Drang zur Anthroposophie hat, der hat [...] heute die Nachwirkungen in seiner Seele davon, dass er damals im Umkreis des Michael jene himmlische Anthroposophie aufnahm, die der irdischen voranging. Denn die Lehren, die Michael gab, waren solche, die damals vorbereiteten, was auf Erden Anthroposophie werden soll.»[112])*

*

Die nächste Inkarnation der führenden platonischen und aristotelischen Seelen der Michael-Strömung sollte nach Anbruch des neuen Michael-Zeitalters im Spätherbst 1879 sukzessive erfolgen, d. h. am Ende des 19. und im Verlauf des 20. Jahrhunderts. In ihrer gemeinsamen (Wieder-)Annäherung an die Erde, nach Durchlaufen der Michael-Schule in der Zeit des 15. bis 18. Jahrhunderts, aber erfuhr die Michael-Gemeinschaft in der ersten Hälfte des 19. Jahrhunderts noch einmal eine besondere Intensivierung ihres Zusammenhanges – zur nachhaltig wirksamen Konzentration ihrer

Willens- und Zukunftskräfte. Rudolf Steiner sprach von einer «großen umfassenden Veranstaltung in der geistigen Welt», die *«unmittelbar an die physische Welt angrenzend»*, d. h. sehr wahrscheinlich in der Monden-Sphäre stattfand. «Alle» Platoniker und Aristoteliker, so schilderte Rudolf Steiner[113], seien zu dieser «Veranstaltung» noch einmal auf ihrem vorgeburtlichen Weg vereinigt worden; was sich vor und mit ihnen vollzog, war ein «himmlischer Kultus», in dem die Lehrinhalte der ehemaligen (in den Jahrhunderten zuvor durchlaufenen) Michael-Schule eine imaginativ-kultische Gestalt gewannen, ja, geradezu in einem Ritual zelebriert wurden:

> Am Ende des achtzehnten und Beginn des neunzehnten Jahrhunderts schwebt eigentlich unmittelbar angrenzend, ganz in der Nähe – natürlich ist das qualitativ gemeint – der physisch-sinnlichen Welt ein übersinnliches Geschehen, das darstellt übersinnliche Kultushandlungen, mächtige Bilder-Entwickelung des geistigen Lebens, der Weltenwesenheiten, der Wesenheiten der Hierarchien, im Zusammenhange mit den großen Ätherwirkungen des Kosmos und mit den menschlichen Wirkungen auf der Erde.[114]

Rudolf Steiner sprach von einer großen *«kosmisch-spirituellen Feier»*, die über einige Jahrzehnte hinweg abgehalten wurde; innerhalb dieser «Feier» wurden «mächtige Imaginationen» von der Gemeinschaft real «vollzogen» – nicht mehr von Michael selbst, sondern unter Leitung seiner hervorragenden Schüler, die nunmehr in mächtigen Bildern «ausgestalteten», was sie in der übersinnlichen Lehrschule des Michael in den vorausgegangenen Jahrhunderten aufgenommen hatten. An der «Spitze» der «Veranstaltung», handlungshaltend oder -leitend, wirkten die besten Lehrer der Schule von Chartres (um Alanus ab Insulis) und die führenden Individualitäten der Dominikaner-Gemeinschaft. Der vollzogene und erfahrene Kultus vertiefte nicht nur das Erlebnis seiner Inhalte (den «mächtigen Bilder-Entwickelungen des geistigen Lebens, der Weltenwesenheiten, der Wesenheiten der Hierarchien»), sondern bekräftigte insbesondere die Gemeinschaft als solche – und wirkte dadurch sozialbildend und -gestaltend in die Zukunft:

> Die, welche heute den Drang fühlen, *sich in der Anthroposophischen Gesellschaft zu vereinigen*, waren im Beginne des 19. Jahrhunderts in übersinnlichen Regionen zusammen, um jenen mächtigen Imaginationskultus zu verrichten.[115]

Die «übersinnlichen Kultusinhalte» bestanden, so Rudolf Steiner, in «*gemeinsam gewobenen* kosmischen Imaginationen»[116], d.h. sie waren in gewisser Weise ein Erzeugnis der realen Zusammenarbeit, des realen «Zusammenwirkens» jener Seelen, die zur Michael-Gemeinschaft gehörten und sich nunmehr, im Verlauf des 19. und 20. Jahrhunderts, zu ihrer nächsten Inkarnation anschickten.

Rudolf Steiner schilderte in seinen Vorträgen den «Imaginationskultus» in der an die Erde angrenzenden Sphäre nicht im Einzelnen. Nachvollziehbar aber wurde durch seine verschiedenen Darstellungen, dass die Seelen der Michael-Gemeinschaft, die zuvor keineswegs alle gleichzeitig auf Erden gewesen waren, in ihrem Zusammenhang noch einmal über ein halbes Jahrhundert (vom Ende des 18. bis zur Mitte des 19. Jahrhunderts) geeint und gestärkt wurden – und zugleich einen kraftvollen Impuls erhielten, sich wirklich in den michaelisch-ahrimanischen Kampf um die Anthroposophie und die Zukunft des Menschenwesens zu inkarnieren und darin als *Gemeinschaft* zu wirken. Der Materialismus auf Erden kulminierte in den ersten vier Jahrzehnten des 19. Jahrhunderts, wie Rudolf Steiner wiederholt ausführte. («Der Geistesforscher kann sogar genau angeben, dass das Jahr, in dem der Materialismus zu einer Hochflut gekommen ist, das Jahr 1840/41 etwa ist.»[117]) Parallel dazu aber fand der Michael-Kultus statt, dessen Kraft und Sicherheit die Michaeliten brauchten, um den kommenden Herausforderungen gewachsen zu sein. In seinem Vortrag vom 18. Juli 1924 deutete Rudolf Steiner indirekt an, dass er selbst an diesem Kultus handelnd beteiligt gewesen war, und die Individualitäten der Menschen, die mit ihm am Aufbau und an der Ausgestaltung der Anthroposophischen Gesellschaft im 20. Jahrhundert tätig wurden, sehr wohl kannte:

Was mit dem 20. Jahrhundert hier auf der Erde sich vollzieht als das Zusammenströmen einer Anzahl von Persönlichkeiten zu der Anthroposophischen Gesellschaft, das hat sich in der ersten Hälfte des 19. Jahrhunderts dadurch vorbereitet, dass die Seelen dieser heute verkörperten Menschen, die da in großer Anzahl zusammenströmen, im Geistigen vereinigt waren, als sie noch nicht in die physisch-sinnliche Welt herabgestiegen waren. Und es ist dazumal in den geistigen Welten von einer Anzahl von Seelen, zusammen wirkend, eine Art von Kultus gepflegt worden, ein Kultus, der die Vorbereitung für diejenigen Sehnsuchten war, die in den Seelen aufgetreten sind, welche in Leibern jetzt zur Anthroposophischen Gesellschaft zusammenströmen. *Und wer die Gabe hat, die Seelen in ihren Leibern wiederzuerkennen, der erkennt sie, wie sie in der ersten Hälfte des 19. Jahrhunderts mit ihm zusammen gewirkt haben, als in der übersinnlichen Welt hingestellt worden sind mächtige kosmische Imaginationen, welche dasjenige darstellen, was ich nennen könnte: das neue Christentum.* Da waren – wie jetzt hier in Leibern auf Erden – die Seelen vereinigt, um sich aus dem, was ich die kosmische Substantialität und die kosmischen Kräfte nennen möchte, in Realität dasjenige zusammenzufügen, was in mächtigen Bildern kosmische Bedeutung hatte und was der Vorklang desjenigen war, das sich hier als Lehre, als anthroposophisches Tun auf der Erde vollziehen soll. Ich möchte sagen: die weitaus meisten der Anthroposophen, die beisammensitzen, könnten, wenn sie diesen Tatbestand durchschauen würden, einander sagen: Ja, wir kennen uns, wir waren in geistigen Welten zusammen und haben in einem übersinnlichen Kultus mächtige kosmische Imaginationen zusammen gehabt![118]

Die Inhalte des kosmischen Kultus waren, so Rudolf Steiner, *«mächtige Bilder eines Zukunftsdaseins»*, die dann von den Mitgliedern der Michael-Gemeinschaft in ihrem nachfolgenden Erdensein *«in veränderter Gestalt»* aufgesucht werden mussten.[119]

In dieser Weise vollzog sich die kosmische Ausbildung der Michael-Gemeinschaft ab der Zeitenwende in drei zentralen Werdeschritten, von denen sich zwei in der Sphäre der Sonne (auf dem nachtodlichen Weg zwischen drei verschiedenen Inkarnationen), der dritte und letzte dagegen angrenzend an die Erde, in der letzten Etappe vor einer nächsten Inkarnation, abspielten. Dann sollte die Michael-Gemeinschaft im 20. Jahrhundert damit beginnen, ein irdisches Gefäß zu formen – und jene «Anthroposophische Gesellschaft» bilden, die als Organ einer entscheidenden Zukunftswirksamkeit des «Christus-Michael» vorgesehen war. In dieser Gesellschaft sollten sich die Seelen finden, deren Aufgabe es war, an dem mitzuwirken, «was im Michael-Sinne durch Anthroposophie in der Erdenentwickelung sich geltend machen soll»[120].

*

Mit seinen anthroposophischen Vorträgen «sammelte» Rudolf Steiner ab dem Beginn des 20. Jahrhunderts dann tatsächlich die Menschen, zu deren Inkarnationsweg die Anthroposophie und Anthroposophische Gesellschaft gehörte.[121] Er begrüßte die Einzelnen, die sich einfanden – sporadisch mit der überraschenden, humorvoll-ernsten Feststellung: «Ich habe Sie schon lange hier erwartet.»[122] Und er tat alles dafür, dass die suchenden Seelen zusammen eine Gemeinschaft formen bzw. sich in der Tiefe ihres Wesens in dieser Gemeinschaft wiederfinden konnten.[123] Rudolf Steiner förderte ihre Zusammenkünfte und Tagungen, und setzte sich unermüdlich für ihr Erwachen ein – in ihrem Ich *(«Im Ich erwache»[124])*, in ihrem sozialen Zusammenhang und für die Aufgaben, vor denen sie sich schicksalsmäßig gestellt sahen bzw. die in konkreter Weise auf sie warteten.

In und mit seiner anthroposophischen Geisteswissenschaft legte Rudolf Steiner dar, wie die Spiritualisierung der Intelligenz in michaelischem Sinne tatsächlich zu leisten und zu leben war. Der ideelle Nachvollzug seiner Vorträge und Schriften ermöglichte seinen Schülern, anfänglich zu erkennen, wie die Michael-Weisheit und Impulsivität in der gegebenen Zivilisation in konkreter Weise umgesetzt werden konnten – und Rudolf Steiner baute darauf, dass die sich ausbildende spirituelle Gemeinschaft in den kommenden Jahren dazu in der Lage sein würde, die inneren Konsequenzen aus dem Gehörten, Gelesenen und Miterlebten zu ziehen. Er setzte auf die Selbsterkenntnis im höheren Ich, begann bereits Ende 1910 damit, Einzelheiten aus den Schicksalszusammenhängen der anthroposophischen Gemeinschaft zu enthüllen («Okkulte Geschichte»[125]) – und selbst die Mysteriendramen schrieb er für die Mitglieder seiner Gesellschaft, um ihre Gewahrwerdung der spirituellen Herausforderungen und Aufgaben, als Einzelne und als Gemeinschaft, entscheidend zu fördern. Rudolf Steiner wusste auch, wie hilfreich das Dornacher Bauprojekt – als reale Gemeinschaftsaufgabe[126] – für das kosmische Michaels-Erinnern des Individuums und der Anthroposophischen Gesellschaft sein konnte. Die Bauformen, die Motive der Plastik und Malerei standen in Beziehung zu den Michael-Mysterien und Schul-Inhalten, die vor nicht allzu langer Zeit eine kosmisch-kultische Gestalt gewonnen und von der Gemeinschaft noch einmal *anschaulich* durchlebt worden waren («... mächtigen Bilder-Entwickelungen des geistigen Lebens, der Weltenwesenheiten, der Wesenheiten der Hierarchien»). Der Aufbau einer ausstrahlenden Freien Hochschule für Geisteswissenschaft, die Rudolf Steiner mit dem Dornacher Bauprojekt von Anfang an explizit verband, war darüber hinaus ohne Zweifel die *zentrale* Aufgabe der Michael-Gemeinschaft im 20. Jahrhundert. Ausgehend von einer Spiritualisierung des Denkens musste eine Überwindung des Materialismus in den einzelnen Lebensfeldern und Berufsgebieten unbedingt erreicht werden – und nicht von ungefähr hielt Rudolf Steiner im Jahr der Dornacher Grundsteinlegung seine ersten großen Michael-Vorträge, die die wissenschaftliche Aufgabe der Dornacher Hochschule bereits indirekt thematisierten und die Mitglieder der Gemeinschaft für sie vorzubereiten suchten.[127] Der Grundsteinlegung vom 20. September 1913 kam dabei eine zentrale Bedeutung zu – und erneut hoffte Rudolf Steiner darauf, dass den Anwesenden deutlich werden würde, was auf dem Dornacher Hügel eigentlich angestrebt war und wozu sie (oder zumindest ein *wesentlicher Teil* oder *Kern* von ihnen) schicksalsbestimmt angetreten waren. Ein Durchbruch des Bewusstseins – auch des Karma-Bewusstseins – aber ereignete sich innerhalb der Gemeinschaft nicht; dennoch setzte Rudolf Steiner in kurz- oder mittelperspektivischer Hinsicht weiter auf ihn. Er erinnerte an das Ereignis in den Folgejahren wiederholt und in gezielter Ausrichtung; eine Kultur der «Jubiläen» ohne konkrete geistige Zielsetzung war ihm mehr als fremd.

Tatsächlich aber hatten die Menschen, die sich der Anthroposophie zugehörig fühlten, in all den Jahren, die auf den 20.9.1913 folgten, nicht nur erhebliche Schwierigkeiten in sich und untereinander, sondern verstanden in ihrer großen Mehrheit nicht wirklich, worum es Rudolf Steiner im Innersten mit der Anthroposophischen Gesellschaft und der Dornacher Hochschule ging. Ihr Nichtverstehen wirkte lähmend auf den eigentlichen Wirkimpuls, auch wenn Rudolf Steiner für seine Person unermüdlich weiterarbeitete. *«Da wurde dasjenige, was ich eigentlich will, fortwährend durch die [Anthroposophische] Gesellschaft abgestumpft. Es wurde ihm die impulsive Kraft genommen.»*[128] Die Zeitverhältnisse des Krieges und der Nachkriegszeit, die von Kräften bestimmt waren, die das Gegenteil der Michaels-Strömung intendierten, erschwerten das Vordringen der Anthroposophie im sozialen Leben, und äußere und innere Hemmnisse und Fehlwege (deren wirkende Kräftekonstellationen oft dieselben waren) ergänzten und potenzierten sich gegenseitig. Die Situation wurde von Jahr zu Jahr angespannter und Rudolf Steiners Arbeit immer mehr zu einer «Flucht nach vorne» (Emil Bock). Es war gesamtzivilisatorisch die «Zeit der großen Entscheidungen, jene große Krise, von der eigentlich die heiligen Bücher aller Zeiten sprechen»[129] («Vieles, Ungeheures entscheidet sich in der Gegenwart für die Menschheit.»[130]), und Rudolf Steiner wusste im Unterschied zu vielen seiner Mitarbeiter und Anhänger, dass die Spiritualisierung der Intelligenzkräfte im Sinne Michaels ein *dringendes* Gebot der Zeit war, um der drohenden Verbindung der Intelligenz mit den Kräften des Bösen, der technologischen Zerstörung und Auslöschung, rechtzeitig entgegenarbeiten zu können. «Wenn man heute in die Welt hinaussieht, so bietet sich, zwar seit Jahren schon, außerordentlich viel Zerstörungsstoff. Kräfte sind am Werk, die ahnen lassen, in welche Abgründe die westliche Zivilisation noch hineinsteuern wird.»[131] In dieser Situation mussten die Anthroposophen, die der Michael-Gemeinschaft schicksalsmäßig zugehörten, als «Helfer des Michael» in der «Eroberung der vom Himmel auf die Erde gefallenen Intelligenz» mit Dringlichkeit tätig werden – «mehr als irgendein anderer Kampf ist dieser Kampf in das menschliche Herz gelegt»[132].

Mit der Weihnachtstagung, der Neubegründung der Anthroposophischen Gesellschaft und der Freien Hochschule für Geisteswissenschaft unternahm Rudolf Steiner Ende 1923 – nur fünfzehn Monate vor seinem Tod – nochmals einen *letzten Versuch*, die anthroposophische Gemeinschaft an ihre Schicksalsaufgaben zu erinnern und diese mit all ihren zur Verfügung stehenden Bewusstseinskräften zu durchdringen. («Alle karmischen Strömungen der Gesellschaft sollen sich auf einem einheitlichen geistigen Grund in der Anthroposophie als der modernen michaelischen Form des esoterischen Christentums finden und vereinigen.» Prokofieff[133]) Rudolf Steiner hielt die Karma-Vorträge, in deren Verlauf er die kosmischen Hintergründe der Michael-Gemeinschaft erstmals im Einzelnen aufhellte, und eröffnete eine «esoterische Schule des Goetheanum», die an die kosmische «Michael-Schule» anschloss und erneut «innere Herzenslehren» in mantrischer Form beinhaltete.[134] Darüber hinaus schuf er auf der Weihnachtstagung einen spirituellen Grundstein für die Anthroposophische Gesellschaft aus hohen geistigen Kräften und vertraute ihn dem Herzen, dem Schicksalsorgan der Mitglieder an.[135] Rudolf Steiner sprach nunmehr in direkter, unverhüllter Weise davon, dass das Wesen der Anthroposophie und der Michael-Mission «im tiefsten Herzensinnern» der meisten Anthroposophen «schlafend» oder «träumerisch» ruhe, in Form eines «unbewussten Geheimnisses».[136] Wollten sie ihre weltgeschichtlich seit vielen Jahrhunderten, ja, seit mehr als zwei Jahrtausenden vorgezeichnete und bereitete Aufgabe nicht versäumen – mit eingreifenden Konsequenzen für den Fortgang der menschlichen Zivilisation und des Lebens auf Erden –, so mussten sie rasch beginnen, «sich ans Herz zu greifen», und mit «innerem heiligen Eifer» als geschlossene Gemeinschaft effektiv tätig werden. Im Sommer 1924 sprach Rudolf Steiner erstmals davon, dass dieser Aufwachprozess – im Aufgriff der Weihnachtstagung, in der Durchdringung des geistigen Grundsteins im Herzen, im wirklichen Verständnis der Karma-Vorträge und im Gehen des esoterischen Weges der Ersten Klasse – eine baldige Reinkarnation führender Anthroposophen am Ende des 20. Jahrhunderts ermöglichen würde, um dann vereint mit den inkarnierten Platonikern der ehemaligen Schule von Chartres die Anthroposophie und ihre zivilisatorische Wirksamkeit einer ersten, dringend benötigten Kulmination entgegenführen zu können. Die kurz nach der Wende zum 20. Jahrhundert begonnene anthroposophische Bewegung war im Wesentlichen vom aristotelisch-dominikanischen Flügel der Michael-Gemeinschaft getragen gewesen; anders als im Mittelalter war es zu diesem Zeitpunkt notwendig gewesen, die Inkarnation der aristotelisch ausgerichteten Seelen den Platonikern *vorausgehen* zu lassen – weil der Überwindung des naturwissenschaftlich-materialistischen Denkens durch die Spiritualisierung des Intellektes in der Gegenwart eine allererste Bedeutung zukam und weil dieser Kampf den Boden für alles Weitere bilden musste. («Es mussten zunächst diejenigen wieder heruntersteigen, die mehr oder weniger als Aristoteliker gewirkt hatten; denn unter dem Einfluss des Intellektualismus war noch nicht die Zeit gekommen, um die Spiritualität neuerdings zu vertiefen.»[137]) Rudolf Steiners philosophisch-anthroposophische Schriften sowie unzählige seiner Vortragskurse hatten in dieser «aristotelischen» Weise entschieden vorgearbeitet, und auch die Dornacher Hochschulgründung stand von Anfang an in dieser Aufgabenstellung und Zielsetzung. In einer Rückblicksdarstellung schrieb Rudolf Steiner im Frühjahr 1924 über das elf Jahre zuvor in Dornach Veranlagte und Begonnene: «Da die Anthroposophie in der Zeit, in welcher der Bau begonnen wurde, bereits wissenschaftlich vorgebildete und arbeitende Mitarbeiter auf den mannigfaltigsten Gebieten gefunden hatte und deshalb in Aussicht stand, die geisteswissenschaftlichen Methoden in den einzelnen Wissenschaften anzuwenden, durfte ich vorschlagen, der Bezeichnung des Baues den Zusatz zu geben: ‹Freie Hochschule für Geisteswissenschaft›.»[138]

In seinen Karmavorträgen deutete Rudolf Steiner an, dass die Platoniker und Aristoteliker der Michael-Gemeinschaft bereits Anfang des 13. Jahrhunderts – im Verlauf eines «himmlischen Konzils» – ein *gemeinsames* Wirken am Ende des 20. Jahrhunderts verabredet hatten, 100 Jahre nach Anbruch der neuen Michael-Epoche und dem Ende des «Kali Yuga», des «Finsteren Zeitalters». Die Aristoteliker sollten die Arbeit nach 1879 in der Erdenzivilisation mit aller Kraft aufnehmen; die «platonisch gearteten Seelen» – die Führer und Schüler von Chartres – sollten dagegen warten und sich erst am Ende des 20. Jahrhunderts mit den wiederkehrenden Aristotelikern verbünden, um dann gemeinsam die anthroposophische Bewegung «mit einer viel spirituelleren Kraft» fortführen und einen entscheidenden Impuls für die Weiterentwicklung des spirituellen Lebens auf der Erde geben zu können.[139] Von dem Gelingen dieser seit Jahrtausenden vorbereiteten und vor 800 Jahren im Einzelnen vereinbarten Initiative hing, so Rudolf Steiner, nicht nur die Zukunft der anthroposophischen Bewegung, sondern der Erdenzivilisation im Ganzen ab: «Ich habe angedeutet, wie diejenigen Menschen, die mit völliger Intensität drinnenstehen in der anthroposophischen Bewegung, am Ende des Jahrhunderts wiederkommen werden, dass sich dann andere mit ihnen vereinigen werden, weil dadurch eben jene Rettung der Erde, der Erdenzivilisation vor dem Verfall letztgültig entschieden werden muss. Das ist, ich möchte sagen, die auf der einen Seite herzbedrückende, auf der anderen Seite herzbewegend-begeisternde Mission der anthroposophischen Bewegung. Auf diese Mission muss hingeschaut werden.»[140]

*

Die von Rudolf Steiner gehegte «Aussicht» auf die fulminante Entwicklung der Dornacher Hochschule nach dem Ende des Ersten Weltkriegs aber entwickelte sich nicht, und auch von einem wirklichen Verständnis und Aufgreifen des Weihnachtstagungs-Impulses konnte innerhalb der Anthroposophischen Gesellschaft schließlich keine Rede sein.[141] Die am Jahrhundertende möglichen Entwicklungen aber machte Rudolf Steiner unmissverständlich von einem wirklichen Eingehen und Verstehen des esoterischen Impulses der Weihnachtstagung, der Gesellschafts- und Hochschulneugründung in all ihren Facetten abhängig; alles, so sagte er, hänge von den notwendigen Voraussetzungen und damit vom «freien Willen» ab[142] – und das mehrheitliche Nichtverstehen und Nichtbefolgen der neuen esoterischen Impulse bedeutete eine weitgehende Katastrophe, auch für Rudolf Steiners persönlichen Weg, der schließlich in Krankheit und Tod mündete. (*«Fast erdrückt erschien er vom Versagen seiner Anhänger.»* Friedrich Rittelmeyer[143]) Das Nichterwachen der Michael-Gemeinschaft für ihr Wesen und ihre Aufgaben belastete Rudolf Steiners Weg und den Fortgang des Michael-Impulses in entschiedener Weise. Umgeben von Angriffen der gegen ihn und Christus-Michael arbeitenden, in sich hochaggressiven Kräfte, war Rudolf Steiner nicht nur durch keine effektive Gemeinschaft geschützt, sondern zusätzlich vom persönlichen Fehlverhalten der Mitglieder beladen, das er – als «Karma der Anthroposophischen Gesellschaft» – hingabevoll und opferwillig, bis in ein vollständiges Martyrium, auf sich nahm.[144] Marie Steiner schrieb später vom Opfertod Rudolf Steiners, «an dem wir gewiss als Einzelne und als Gesellschaft alle miteinander Schuld sind»[145].

Rudolf Steiner starb, und die hoffnungsvoll begonnene Dornacher Gründung zerfiel in dem Jahrzehnt nach seinem Erdenabschied weitgehend – in interner Destruktion, die ein Ergebnis ungenügender Aufwach- und Verwandlungsprozesse war, bzw. an seelischen Schwächen, die die Eintrittspforten fortschrittsfeindlicher, extrem anti-christlicher Kräfte bildeten. Unter diesen Bedingungen konnte von einer zeitlich forcierten Wiederkunft der okkult erwachten, aristotelisch ausgerichteten Schüler Rudolf Steiners am Ende des 20. Jahrhunderts offensichtlich keine Rede sein, und auch die vorgesehene Inkarnation der platonisch gestimmten Seelen der Michael-Gemeinschaft im Verlauf des 20. Jahrhunderts wurde nachhaltig erschwert, wenn nicht weitgehend verunmöglicht. *«Michael braucht Heerscharen von Helfern, die auf dem physischen Plan ausfechten, was er auf dem Astralplan schon überwunden hat. Das ist die große Aufgabe, die wir zu erfüllen haben»*, hatte Rudolf Steiner bereits in einer frühen esoterischen Stunde (im Oktober 1907) gesagt.[146] Die Situation auf dem «physischen Plan», der sich die vor ihrer Inkarnation stehenden und möglicherweise noch immer in der Monden-Sphäre weilenden Geister der Schule von Chartres gegenübergestellt sahen, war jedoch ebenso bedrohlich wie offenkundig perspektivlos oder -arm. Die Auseinandersetzung der aristotelisch ausgerichteten «Vorhut» mit dem herrschenden Materialismus in nahezu allen Feldern der Zivilisation war – bis auf Rudolf Steiners zentralen Beitrag – weitgehend gescheitert, die anthroposophische Gemeinschaft ohne hinreichendes Bewusstsein wenig geeint (oder gar zerstört), und das Jahrhundert ging seinen Weg in totalitäre Herrschaftssysteme materialistischer Ausprägung und rückständigster Provenienz, die die Anforderungen des Bewusstseinsseelen-Zeitalters nachgerade pervertierten. Die Todeskräfte übernahmen in den meisten Zivilisationsbereichen die Führung und trieben das 20. Jahrhundert allmählich in den Abgrund – verbunden mit jenen Kräften des Bösen, die im Innern des Menschen wirkten und die die von Rudolf Steiner wiederholt beschriebene Liaison mit dem Intelligenzpotenzial tatsächlich erreichten. Ungefähr 187 Millionen Menschenseelen starben im Verlauf des 20. Jahrhunderts eines gewaltsamen Erdentodes – in einer maximal gerüsteten, hochintelligent konstruierten Waffen- und Vernichtungswelt, die erstmals nicht nur «totale Kriege» und industriell betriebene «Genozide» sowie perfektionierte Torturen ermöglichte, sondern auch die irdische Auslöschung weiter Teile der Naturreiche und -wesen mit sich brachte. Soziale Strukturen durchliefen in kürzester Zeit dramatische Erosionen, und die Ausbeutung und Beherrschung des Erdorganismus durch das Kapitel, den Profitehrgeiz und die Rücksichtlosigkeit «führender» Gruppen nahm eine ahrimanische Gestalt und Ausprägung an, wie sie nie zuvor in der gesamten Erd- und Menschheitsgeschichte auch nur entfernt möglich gewesen war.[147] Ökologische Systeme, aber auch viele Seelenfähigkeiten der Menschen brachen sukzessive ein, während eine digital gesteuerte Medienwelt und die in ihr wirkenden Interessen und Kräfte bereits die

Kinder und Jugendlichen zunehmend in den Griff bekamen und in ihre Richtung brachten. («... wie von Ahriman die stärksten, die allerstärksten Anstrengungen schon gemacht werden und weiter gemacht sein werden, diese unter die Menschen geratene Intelligenz sich anzueignen, die Menschen von sich besessen zu machen, so dass Ahriman in den Menschenköpfen die Intelligenz besitzen würde ...»[148])

Sich in eine solche Wirklichkeit hinein zu inkarnieren, fiel den platonisch gestimmten Seelen der Michael-Gemeinschaft überaus schwer – zudem war mehr als fraglich, wie angesichts der gegebenen Realitäten der Michael-Kampf in Zukunft mit Aussicht auf wirklichen Erfolg tatsächlich geführt werden konnte. Rudolf Steiner hatte den Durchgang durch die vorgeburtliche Monden-Sphäre als eine Entwicklungsetappe beschrieben, in der sich die inkarnierende Individualität nicht nur einen ätherischen Leib aus kosmischen Kräften einorganisiert, sondern dabei auch einen Vorblick auf das kommende biographische Schicksal gewinnt – einen Vorblick, der so einschneidend sein kann, dass sie sich von ihrem Inkarnationsentschluss gegebenenfalls wieder zurückzieht, oder aber ihren intendierten Erdenweg, nach einem erlittenen vorgeburtlichen «Schock», mitunter in deformierter Weise durchläuft.[149] Das Erleben der Ohnmacht, dem sich die ehemaligen Lehrer von Chartres im Verlauf des 20. Jahrhunderts sehr wahrscheinlich ausgesetzt sahen – Individualitäten, die zuletzt in einer platonisch ausgerichteten Mysterienstätte christlicher Ausrichtung und in größter künstlerischer Schönheit auf Erden gelebt und gearbeitet hatten –, kann sehr wahrscheinlich kaum überschätzt werden; ebenso wenig ihr Miterleben des dramatischen Martyriums Rudolf Steiners als dem initiierten Leiter der gesamten Strömung, das sich zu seinen Lebzeiten *und* nachtodlich angesichts des Unverständnisses und der Entstellung der Anthroposophie ereignete.

Wie sollte es den platonischen Seelen biographisch gelingen, die absehbare Wirkens-Ohnmacht auf Erden tatsächlich auszuhalten, den gegebenen Zustand der kulturell verarmten, verflachten und in vielem pervertierten Zivilisation zu ertragen (unter Einschluss aller Angriffe auf die Anthroposophie und Rudolf Steiner) sowie die missbräuchliche Verwendung und Verfremdung der Anthroposophie durch Menschen und Kräfte, die sich als Anthroposophen ausgaben, aber keinen Zusammenhang mit Rudolf Steiner und der Michael-Gemeinschaft hatten? Wie sollte man sich angesichts dieser Situation in das Erdenschicksal stürzen? *«Michael ist ein kräftiger Geist, und Michael kann nur mutvolle Menschen, innerlich mutvolle Menschen vollständig brauchen.»*[150]

*

Rudolf Steiner jedoch hatte trotz aller Rückschläge und gravierender Einbrüche der Anthroposophischen Gesellschaft zeitlebens nicht aufgegeben, und noch wenige Tage vor seinem Tod zahlreiche weitere Mitglieder in die «esoterische Schule des Goetheanum» bzw. in die «erste Klasse» der irdischen Michael-Schule aufgenommen.[151] *«Es müssen Mittel und Wege gefunden werden, um dasjenige fortzusetzen, was mit Anthroposophie von allem Anfange an gemeint war»*, hatte er einmal in einem anderen Zusammenhang gesagt[152] – und im Gesamtverlauf seiner Biographie immer nur nach dem Ausschau gehalten, was trotz aller Widrigkeiten und Gegenkonstellationen doch noch möglich war. Auch hatte Rudolf Steiner mit dem spirituellen Grundstein der Anthroposophischen Gesellschaft ein geistiges Wesen geschaffen, dessen Kräfte den Seelen zugute kommen konnten, die sich ungeachtet aller Fehlentwicklungen in Zukunft auf den Weg machen würden – in der Vorausschau dessen, was auf sie zukommen würde, aber auch im Wissen um die Quellen geistigen Beistands und geistiger Hilfe. Nicht zuletzt am spirituellen Grundstein, *«der seiner Natur nach nicht ‹von dieser Welt› ist»* (Prokofieff[153]), konnten Auferstehungskräfte gewonnen werden, die dazu in der Lage waren, den Mächten des Bösen und der Verfremdung nicht nur zu widerstehen, sondern ihnen geradezu entgegen zu wirken. Ein «Auferstehen aus der Ohnmacht» war durch die geistige Begegnung und Arbeit mit dem Grundstein möglich, der Gewinn einer Schicksalssicherheit, die es trotz ungünstiger Umstände und einer Vielzahl von Gefahren gestattete, «felsenfest und unverbrüchlich»[154] für dasjenige einzustehen, was von Rudolf Steiner zu Anfang des 20. Jahrhunderts immerhin entschieden veranlagt und begonnen worden war. «Das

Karma, das im Willen wirkt ...»[155] Sergej O. Prokofieff, der zu Beginn der zweiten Hälfte des 20. Jahrhunderts in Moskau geboren wurde, begann in seinem Leben – anfänglich im Sowjetsystem kommunistischer Prägung –, die von Rudolf Steiner entfalteten Werke, spirituellen Initiativen und Stiftungen in größter Überschau aufzuarbeiten – den geistigen Grundstein, die Esoterik der ersten Klasse und der Weihnachtstagung, die anthroposophische Christologie und Hochschulgründung, das Wesen der Anthroposophischen Karma-Gemeinschaft, den geisteswissenschaftlichen Schulungsweg, die Grundlagen einer zukünftigen Zusammenarbeit von Mittel- und Osteuropa (als dem Zentrum der kommenden Kulturepoche), aber auch die von Rudolf Steiner aufgewiesenen Abgründe des Bösen sowie Rudolf Steiners Lebensgang vor dem Hintergrund der neuen Mysterien. Der initiierte Leiter der neuen Mysterien, Rudolf Steiner, hatte darauf gehofft und gebaut, dass eine Zeit kommen werde, in der die detailliert erforschten Inhalte der anthroposophischen Geisteswissenschaft in ihrer ganzen geistigen Fülle vor das *erkennende Bewusstsein* treten konnten – in der «platonisch» geprägten Überschau des Gesamtwesens der Anthroposophie und in inspirierter Förderung durch jene Individualitäten, die an ihrem «aristotelisch» akzentuierten Beginn am Anfang des 20. Jahrhunderts handelnd beteiligt gewesen waren. Sergej O. Prokofieff begann seine Aufarbeitung im Bewusstsein dessen, was bisher gescheitert und unterblieben, aber für die Zukunft notwendig war, um der von Rudolf Steiner angedeuteten, aber durch die Zeitumstände und internen Hindernisse verzögerten «Kulmination» der Anthroposophie zumindest maximal entgegenarbeiten zu können: *«Wir müssen noch geprüft werden, inwieweit wir bereit sind, wahre Repräsentanten des esoterischen Impulses der Weihnachtstagung in der Welt zu sein und ob wir willens sind, uns für die Verwirklichung ihrer Ziele und Aufgaben ungeachtet aller Misserfolge und Niederlagen der Anthroposophischen Gesellschaft im vergangenen [20.] Jahrhundert einzusetzen.»*[156] Sergej O. Prokofieff schrieb über das notwendige Auftreten von Individualitäten, die «die außerordentliche Schwierigkeit der vor uns stehenden Aufgaben wirklich erkennen und bis zum Schluss um deren Realisierung ringen»[157], erlebte jedoch das Fehlen oder den Mangel kontemporärer Größen. In den ersten

Generationen der Anthroposophen, die unmittelbar auf Rudolf Steiner folgten, lebte noch die impulsierende Qualität seines Wesens und Wirkens unmittelbar fort, und eine nicht geringe Zahl eigenständiger Persönlichkeiten setzte sich für den Fortgang der Arbeit quantitativ *und* qualitativ erfolgreich ein – in den zivilisatorischen Lebensfeldern der Anthroposophie, den Schulen, heilpädagogischen Heimen, Arztpraxen und Bauernhöfen, aber auch innerhalb der Allgemeinen Anthroposophie. Unverkennbar war jedoch spätestens in den letzten Jahrzehnten des 20. Jahrhunderts, dass die Anthroposophische Gesellschaft insgesamt nicht nur weit hinter ihren spirituellen Aufgaben und Zielsetzungen zurückgeblieben, sondern dabei war, diese immer mehr aus den Augen zu verlieren – darunter auch die Erinnerung an die Grundsteinlegung des Baues und die geistige Gesamtdimension der mit ihm verbundenen Hochschulgründung im Zeitalter Michaels. Sie entfernte sich nachdrücklich vom Wesen Rudolf Steiners – und hatte seine Biographie bereits zu Lebzeiten in einer Weise erschwert und am Ende belastet, die zu den Mitursachen seines schweren Leidens und frühen Todes gehörten. Führende Individualitäten der Michael-Gemeinschaft, die sich im 20. Jahrhundert inkarnieren sollten, wussten nicht nur um diese Zusammenhänge, sondern sahen sich vor ähnlichen und weiteren Schwierigkeiten stehen, sofern sie wirklich daran gingen, Rudolf Steiner nachzufolgen und am Aufbau der Anthroposophischen Gesellschaft als effektive Michael-Gemeinschaft auf Erden trotz der Massivität aller Gegenkräfte mitzuwirken. Die Frage *«Will ich selbst Rudolf Steiner auf seinem Opferweg folgen, ungeachtet aller damit verbundenen Schwierigkeiten und Leiden – oder will ich das nicht?»* (Prokofieff[158]) stellte sich sehr wahrscheinlich nicht nur aus irdischer Perspektive, sondern für die leitenden Individualitäten der Michael-Gemeinschaft bereits in der unmittelbar vorgeburtlichen Zeit – und führte zu Verzögerungen und Umwegen. Gefragt war der Wille, «den Weg der Verantwortungen und des Dienens zu gehen und sich dabei vom Beispiel Rudolf Steiners leiten zu lassen»[159], darüber hinaus der Mut, die «Prüfung der Ohnmacht» zu bestehen und trotz aller anderslautenden Vorzeichen, Symptome und Ereignisse noch immer auf einen zivilisatorischen Durchbruch der Michael-Strömung zu vertrauen. Im Laufe des 20. Jahrhunderts, so hatte Rudolf Steiner im Sommer 1924 in Arnheim vorausgesagt, werde die Menschheit sich «am Grabe aller Zivilisation» oder am Anfang desjenigen Zeitalters befinden, «wo in den Seelen der Menschen, die in ihrem Herzen Intelligenz mit Spiritualität verbinden, der Michael-Kampf zugunsten des Michael-Impulses ausgefochten wird»[160]. Angesichts der weit um sich greifenden Zerstörungsprozesse ahrimanischer Provenienz und Intelligenz, die Terrain um Terrain eroberten, und angesichts vieler daran assoziierter Entwicklungen des 20. Jahrhunderts war mehr als offensichtlich, welche der beiden alternativen Richtungen sich in der «Zeit der großen Entscheidungen» zumindest in globaler Hinsicht durchgesetzt hatte.

*

Gleichwohl ergaben sich angesichts des Realvollzuges der Weihnachtstagung und des Verständnisses ihres tiefsten Gehaltes michaelische Perspektiven der Weiterarbeit.[161] Keinesfalls war es so, dass Rudolf Steiners eigentlicher Wirkimpuls und seine esoterische Zielsetzung – im Sinne der Michael-Strömung und Weihnachtstagung – an all seinen Mitarbeitern vorübergegangen war. Auch wenn sich die Anthroposophische Gesellschaft als solche nicht auf ein neues Niveau begeben hatte und die Schwierigkeiten bereits 1924/25 unübersehbar waren, so gingen die Erlebnisse mit Rudolf Steiner seinen engsten Mitarbeitern und vielen Freunden überaus nah und griffen tief in ihre Seelen ein. Ein Schicksalserwachen hatte schon zu ihren Lebzeiten auf unterschiedlichsten Ebenen begonnen, und Rudolf Steiners Karma-Darstellungen über den Weg der Michael-Gemeinschaft hatten viele seiner Hörer im innersten Grund erschüttert: «Ich bereite mich für dieses neue Zeitalter vom 20. ins 21. Jahrhundert hinein vor – so sagt sich eine rechte Anthroposophenseele –, denn viele zerstörende Kräfte sind auf der Erde. In die Dekadenz muss alles Kulturleben, alles Zivilisationsleben der Erde hineingehen, wenn nicht die Spiritualität des Michael-Impulses die Menschen ergreift, wenn nicht die Menschen wiederum imstande sind, dasjenige, was an Zivilisation heute hinab rollen will, wiederum hinaufzuheben. Finden sich solche ehrlichen Anthroposophenseelen, die die Spiritualität in dieser Weise in das Erdenleben hineintragen wollen, dann wird es eine Bewegung nach aufwärts geben. Finden sich solche Seelen nicht, dann wird die Dekadenz weiterrollen. Der Weltkrieg mit all seinen üblen Beigaben wird nur der Anfang von noch Üblerem sein. Denn es steht heute die Menschheit vor einer großen Eventualität: vor der Eventualität, entweder in den Abgrund hinunterrollen zu sehen alles, was Zivilisation ist, oder es durch Spiritualität hinaufzuheben, fortzuführen im Sinne dessen, was im Michael-Impuls, der vor dem Christus-Impuls steht, gelegen ist.»[162] Rudolf Steiner sprach zu Hunderten oder Tausenden von Menschen, die Mitglieder der Anthroposophischen Gesellschaft waren – und doch auch zu jedem Einzelnen, den er als solchen meinte. («Finden sich solche ehrlichen Anthroposophenseelen ...») Für Menschen wie Ita Wegman war trotz aller Verheerungen der Anthroposophischen Gesellschaft (die sie bestens kannte und am eigenen Sein erlitten hatte) und trotz des kriegerischen Zusammenbruchs Mitteleuropas in den 30er und 40er Jahren des 20. Jahrhunderts deutlich, dass keinesfalls alles verloren war. Die führenden Geister der Schule von Chartres hatten sich Anfang des 13. Jahrhunderts mit den zu ihrer Inkarnation anstehenden Aristotelikern, die die Dominikanergemeinschaft bilden sollten, kurzfristig über das weitere Vorgehen verständigt – für das angebrochene Jahrhundert, aber auch für die längere Zukunft (bis zum Anbruch des neuen Michael-Zeitalters und darüber hinaus). Auch Rudolf Steiner, so äußerte Ita Wegman im kleinen Kreis, werde die mit ihm und Christus-Michael verbundenen Seelen in der geistigen Welt versammeln und mit ihren führenden Individualitäten das weitere Vorgehen – angesichts der Entwicklungen des 20. Jahrhunderts – beraten. So weitsichtig und sinnvoll abgestimmt das Vorgehen für den Anfang und das Ende des 20. Jahrhunderts gewesen war – und so dramatisch und folgenreich sein (weitgehendes) Versagen war – , so deutlich war für Ita Wegman auch, dass Rudolf Steiner und die führenden Geister der Michael-Strömung unter keinen Umständen aufgeben würden.

Ita Wegman setzte sich bis zu ihrem Tod am 4. März 1943 mit aller Kraft dafür ein, dass der esoterische und soziale Wirkimpuls der Anthroposophie *weltweit* nicht unterging, und Rudolf Steiners Vorträge und Schriften in vielen Weltsprachen verfügbar waren. Sie setzte auf die Zukunft und war bereit, den Leidensweg im 20. Jahrhundert bis zum Ende zu gehen – so, wie Rudolf Steiner dies getan hatte. «Es ist die Anthroposophie, die uns die Erkenntnis der geistigen Ziele des lebendigen Christus offenbart, und die Weihnachtstagung bringt uns zum Verständnis derjenigen Rudolf Steiners. Das birgt die Möglichkeit in sich, ihm auf seinem inneren Weg zu folgen, der nichts anderes ist als der zeitgemäße Weg der ‹Nachfolge Christi›»[163], schrieb über ein halbes Jahrhundert nach Ita Wegmans Tod Sergej O. Prokofieff, und er zitierte aus den Abschiedsreden im fünfzehnten Kapitel des Johannes-Evangeliums: *«Niemand hat größere Liebe denn die, dass er seine Seele lässt für seine Freunde.»* (Joh 15, 13).

Das erste Grundlagenwerk über Rudolf Steiner und die Grundlegung der neuen Mysterien, das Sergej O. Prokofieff 1982 in deutscher Sprache vorlegte, begrüßte Madeleine van Deventer, Ita Wegmans Stellvertreterin und Nachfolgerin in Arlesheim, wenige Wochen vor ihrem Tod mit großem Nachdruck.[164] Hier begann etwas neu, was in die Zukunft führte und möglicherweise dazu in der Lage war, den großen spirituellen Aufbruch der Anthroposophischen Gesellschaft, den Rudolf Steiner ab dem Ende des 20. Jahrhunderts für möglich erklärt hatte, doch noch Wirklichkeit werden zu lassen. Sergej O. Prokofieffs Wirksamkeit am Goetheanum und vom Goetheanum aus ausstrahlend in die anthroposophische Weltgesellschaft (ab Ostern 2001) erlebten Ita Wegman und Madeleine van Deventer nicht mehr aus irdischer Perspektive. Aufgrund ihrer Lebenszeugnisse und in Kenntnis ihrer geistigen Persönlichkeiten (und Individualitäten) ist jedoch davon auszugehen, dass sie diese Tat – gemeinsam mit Marie Steiner und Elisabeth Vreede – aus ganzem Herzen begrüßten. Ihnen allen war deutlich, dass die Welt ein wirkmächtiges, spirituell eindrucksvolles Goetheanum braucht, das die Esoterik der Anthroposophie, der Anthroposophischen Gesellschaft und der Freien Hochschule für Geisteswissenschaft auf hohem Niveau zu vertreten in der Lage ist. Darüber hinaus wussten sie aus eigener Erfahrung, was es bedeutet, das «Kreuz der Anthroposophischen Gesellschaft» (Prokofieff) auf sich zu nehmen und zu tragen – in Annäherung an Rudolf Steiners Wesenheit:

> Dabei werden wir uns allmählich der Sphäre der geistigen Welt nähern, wo Rudolf Steiner heute noch immer das Karma der Anthroposophischen Gesellschaft trägt. Um ihn aber dort zu finden, müssen wir uns dazu entschließen, dieses Karma mit ihm zu teilen und zumindest einen kleinen Teil seines Kreuzes mit unseren noch recht schwachen Kräften auf uns zu nehmen.[165]

Als eine *«Christus-Tat»* hatte Ita Wegman 1925 die Weihnachtstagung und Rudolf Steiners Verbindung mit der Anthroposophischen Gesellschaft bezeichnet. («So wie die Christus-Wesenheit sich mit der Erde verband zum Wohle der Menschheit, so identifizierte Rudolf Steiner sich mit der Anthroposophischen Gesellschaft. Es war eine Christus-Tat.»[166]) Rudolf Steiner hatte das Schicksal der Anthroposophischen Gesellschaft auf sich genommen – und in seiner Nachfolge innerhalb der Michael-Strömung zu leben, erforderte die an ihm und am Mysterium von Golgatha zu entwickelnde Bereitschaft, die Wege und Fehlwege der Anderen in das eigene Schicksal aufzunehmen und als solche auszutragen. *«Doch die Anthroposophie wurde uns gegeben, unser Bewusstsein auszuweiten und zu vergeistigen, unser Verantwortungsgefühl zu stärken und den Willen zur Erfüllung unserer Aufgaben zu wecken.»*[167]

*

Angesichts der realen geschichtlichen Lage der Anthroposophischen Gesellschaft und Bewegung im 20. Jahrhundert bedeutet das Auftreten und singuläre Wirksamwerden des Michaeliten Sergej O. Prokofieff außerordentlich viel, auch wenn seine Arbeit – in ihrem geistigen Inhalt und Ziel – seit 1983 unzulänglich erkannt und mitunter tragisch verkannt wird, darunter in verschiedenen Leitungsgremien der Anthroposophischen Gesellschaft. *«Ihr seht ihn immer viel zu klein!»*, sagte Ita Wegman oftmals zu ihren Mitarbeitern über Rudolf Steiner – und ihr Wort gewann auch für diesen Zusammenhang Gültigkeit. Sergej O. Prokofieffs außerordentlicher «Mut zum Bekenntnis» und seine Treue zum esoterischen Kern der Anthroposophischen Gesellschaft in den Zeiten der Krise und Gefahr sind ein Erweis dessen, «was eigentlich die Michael-Kraft, die Michael-Wesenheit von dem Menschen *will*»[168]. Sein Weg legt Zeugnis davon ab, dass es für die führenden Geister der Michael-Gemeinschaft trotz aller Hindernisse möglich und sinnvoll war, sich im dramatischen und nahezu verlorenen 20. Jahrhundert – drei Jahrzehnte nach Rudolf Steiners Tod – zu inkarnieren und im Dienst der Anthroposophie zu arbeiten, d.h. unter den gegebenen Zeitumständen innerhalb der anthroposophischen Gemeinschaft dem vorgeschriebenen Schicksalsweg unbeirrt zu folgen und alle Prüfungen und Proben der Ohnmacht und Verzweiflung zu überstehen. («Denjenigen Seelen, die Anthroposophenseelen sind, denen aber wird gesagt: Ihr sollt nur noch erprobt werden in eurem Mut zum Bekenntnis dessen, was Ihr als Stimme ja durch die Neigung eures Gemütes, durch die Neigung eures Herzens wohl vernehmen könnt.»[169]) Diese Probe oder Prüfung, so führte Sergej O. Prokofieff in seinem Buch «Menschen mögen es hören» zu Anfang des 21. Jahrhunderts (2002) aus, beinhaltet auch die Bereitschaft zum Martyrium, «ohne die man den Weg der Nachfolge des Christus heute nicht gehen kann»[170]. An ihm, Sergej O. Prokofieff, an seiner geistig erleuchteten Arbeit und «schöpferischen Geistigkeit»[171], ist erlebbar, was es wirklich bedeutet, Inspirationen und Handlungsimpulse aus dem Quell der neuen Mysterien zu erlangen, d.h. das Ereignis der Weihnachtstagung im eigenen Lebensgang neu zu vollziehen. Darin kann er für *alle* Menschen, die sich Rudolf Steiner, der Anthroposophie und der Anthroposophischen Gesellschaft im Innersten zugehörig fühlen, ein leuchtendes, weithin strahlendes Vorbild sein, ein Helfer im Geist und ein wirkmächtiger Vorbereiter der Zukunft.

> Sofern die Mitglieder der Gesellschaft aus einem richtigen – d.h. wirklich esoterischen – Verständnis der Weihnachtstagung an der Verwirklichung ihrer

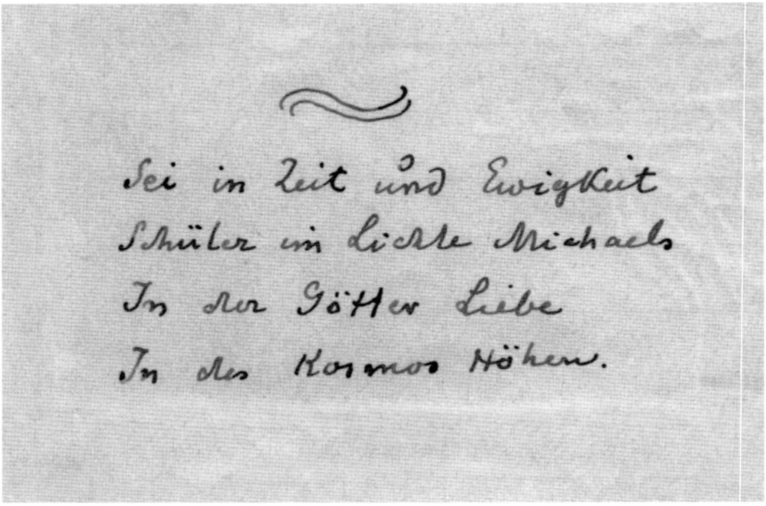

Sei in Zeit und Ewigkeit
Schüler im Lichte Michaels
In der Götter Liebe
In des Kosmos Höhen.

Abb. 3: Aus einem Mantram Rudolf Steiners für Ita Wegman
© Ita Wegman Archiv, Arlesheim

geistigen Ziele […] arbeiten, können beim Gelingen dieser Arbeit auch heute die Bewegung und die Gesellschaft verbunden sein oder (jedes Mal) neu verbunden werden, wenn nur die Mitglieder dies wirklich wollen und bereit sind, *aus Erkenntnis zu handeln*.[172]

Sei in Zeit und Ewigkeit
Schüler im Lichte Michaels
In der Götter Liebe
In des Kosmos Höhen.[173]

*

Anmerkungen

1 Sergej O. Prokofieff: *Die Esoterik der Anthroposophischen Gesellschaft.* Dornach 2012, S. 106.
2 Rudolf Steiner: *Mantrische Sprüche. Seelenübungen. Band II.* GA 268. Dornach [1]1999, S. 349 (Ansprache zur Grundsteinlegung am 20.9.1913).
3 Rudolf Steiner: *Kunst- und Lebensfragen im Lichte der Geisteswissenschaft.* GA 162. Dornach [2]2000, S. 47 (Vortrag vom 24.5.1915).
4 Rudolf Steiner: *Mantrische Sprüche. Seelenübungen. Band II.* GA 268. Dornach [1]1999, S. 345 (Ansprache zur Grundsteinlegung am 20.9.1913).
5 Ebd., S. 346 (Hv. v. V.).
6 Ebd., S. 345.
7 Rudolf Steiner: *Schicksalszeichen auf dem Entwickelungswege der Anthroposophischen Gesellschaft.* Dornach 1943, S. 36 (Vortrag vom 19.9.1914).
8 Ebd. – Zum inneren Zusammenhang der Stuttgarter Waldorfschulgründung (vom Herbst 1919) mit dieser Inkarnationssituation kommender Menschenseelen vgl. Peter Selg: *Rudolf Steiner. 1861 – 1925. Lebens- und Werkgeschichte.* 2. Band. Arlesheim 2012, S. 1471ff.
9 Rudolf Steiner: *Mantrische Sprüche. Seelenübungen. Band II.* GA 268, S. 345 (Ansprache zur Grundsteinlegung am 20.9.1913).
10 Ebd., S. 347.

11 Vgl. Rudolf Steiner: *Aus der Akasha-Forschung. Das Fünfte Evangelium.* GA 148. Dornach [5]1992 und Peter Selg: *Rudolf Steiner und die Vorträge über das Fünfte Evangelium. Eine Studie.* Dornach [2]2010.

12 Ebd., S. 66ff.

13 Vgl. Peter Selg: *Rudolf Steiner. 1861 – 1925. Lebens- und Werkgeschichte.* 1. Band, S. 569ff.

14 Vgl. hierzu u.a. Rudolf Steiner: *Die menschliche Seele in ihrem Zusammenhang mit göttlich-geistigen Individualitäten.* GA 224. Dornach [3]1992, S. 148ff. (Vortrag vom 7.5.1923) und Sergej O. Prokofieff: «Ostern, Himmelfahrt und Pfingsten im Lichte der Anthroposophie». In: *Das Mysterium der Auferstehung im Lichte der Anthroposophie.* Stuttgart 2008, S. 57ff.

15 Rudolf Steiner: *Das Geheimnis des Todes Wesen und Bedeutung Mitteleuropas und die europäischen Volksgeister.* GA 159. Dornach [3]2005, S. 289 (Vortrag vom 18.5.1915).

16 Zit. n. Peter Selg: *Christian Morgenstern. Sein Weg mit Rudolf Steiner.* Stuttgart [1]2008, S. 260f.

17 Rudolf Steiner: *Anthroposophische Leitsätze. Der Erkenntnisweg der Anthroposophie – Das Michael-Mysterium.* GA 26. Dornach [10]1998, S. 14.

18 Rudolf Steiner: *Die spirituellen Hintergründe der äußeren Welt. Der Sturz der Geister der Finsternis.* GA 177. Dornach [5]1999, S. 97 (Vortrag vom 7.10.1917).

19 Rudolf Steiner: *Schicksalsbildung und Leben nach dem Tode.* GA 157a. Dornach [3]1981, S. 71 (Vortrag vom 20.11.1915).

20 Vgl. u.a. Rudolf Steiner: *Vom Menschenrätsel.* Berlin 1916 (GA 20).

21 Rudolf Steiner: *Soziale Ideen – Soziale Wirklichkeit – Soziale Praxis.* GA 337a. Dornach [1]1999, S. 324.

22 Rudolf Steiner: *Die Weltgeschichte in anthroposophischer Beleuchtung.* GA 233. Dornach [5]1991, S. 113 (Vortrag vom 29.12.1923).

23 Rudolf Steiner: *Anthroposophische Gemeinschaftsbildung.* GA 257. Dornach [4]1989, S. 10; Hv. v. V. (Vortrag vom 23.10.1923).

24 Rudolf Steiner: *Die Weihnachtstagung zur Begründung der*

Allgemeinen Anthroposophischen Gesellschaft 1923/24. GA 260. Dornach ^{5}1994, S. 50 (Statuten).

25 Rudolf Steiner: *Die Weltgeschichte in anthroposophischer Beleuchtung und als Grundlage der Erkenntnis des Menschengeistes*. GA 233. Dornach ^{5}1991. GA 233, S. 154 (Vortrag vom 1.1.1924).

26 Rudolf Steiner: *Anthroposophie, ihre Erkenntniswurzeln und Lebensfrüchte*. GA 78. Dornach ^{3}1986, S. 150 (Vortrag vom 5.9.1921).

27 Rudolf Steiner: *Mantrische Sprüche. Seelenübungen. Band II.* GA 268, S. 351.

28 Ebd., S. 350.

29 Rudolf Steiner: *Wege zu einem neuen Baustil. «Und der Bau wird Mensch»*. GA 286. Dornach ^{3}1982, S. 29 (Vortrag vom 12.12.1911).

30 «Etwa 70 Meter von uns entfernt ging [...] Rudolf Steiner in einem Bogen vorwärts, seitwärts und wieder rückwärts, wobei er seinen Blick vielfach zu den Sternen emporrichtete, auch den Stock streckte er öfters zu den Sternen aus. Sodann tastete Rudolf Steiner in einem kleinen Umkreis, fast ständig zu den Sternen emporblickend, die Erde mit dem Stock ab, blieb kurz stehen, und plötzlich stieß er den Stock in das Erdreich und rief: ‹Das ist der Punkt.›» (Wilhelm Schrack: «Eine Erinnerung aus der Zeit vor der Grundsteinlegung 1913». In: *Mitteilungen aus der anthroposophischen Arbeit in Deutschland*. Weihnachten 1953. Wiederabgedruckt in Erika von Baravalle (Hg.): *Rudolf Steiners Grundsteinlegung vom 20. September 1913*. Arlesheim 2013 (in Vorbereitung).

31 Zit. n. Erika von Baravalle: «Zur Komposition des Grundsteins». In: *Rudolf Steiners Grundsteinlegung vom 20. September 1913*.

32 Max Benzinger: «Ein Augenzeuge der Grundsteinlegung berichtet». In: Erika Beltle und Kurt Vierl (Hg.): *Erinnerungen an Rudolf Steiner*. Stuttgart ^{1}1979, S. 151.

33 Ebd., S. 150.

34 «Wie es nun mal immer so war, war es auch hier so, was man nicht hätte tun dürfen, da wurden gleich [nach der Angabe der

Uhrzeit durch Rudolf Steiner] die Telephonapparate in Bewegung gesetzt und andere Mitglieder benachrichtigt, obwohl eigentlich nur die anwesenden Mitglieder in Betracht kamen.» (Ebd.)

35 Zit. n. Erika von Baravalle: «‹Es werde verhüllt!› Zum Vorgang und Wortlaut des Grundsteinlegungsaktes für das Erste Goetheanum». In: *Das Goetheanum. Nachrichtenblatt für Mitglieder.* Nr. 38, 2003. Wiederabgedruckt in: *Rudolf Steiners Grundsteinlegung vom 20. September 1913.*

36 Ebd.

37 Vgl. Erika von Baravalle: «Vom Mysterium der Grundsteinlegung». In: *Das Goetheanum. Nachrichtenblatt für Mitglieder.* Nr. 38, 2003. Wiederabgedruckt in: *Rudolf Steiners Grundsteinlegung vom 20. September 1913.*

38 Rudolf Steiner: *Mantrische Sprüche. Seelenübungen. Band II.* GA 268, S. 241.

39 Vgl. Peter Selg: *Rudolf Steiner und Christian Rosenkreutz.* Arlesheim [2]2011, S. 61ff.

40 Vgl. dazu Ernst Bindel: «Die sinnbildliche Bedeutung des Pentagon-Dodekaeders als Grundstein geistig bedeutsamer Bauten» sowie Erika von Baravalle: «Zur Komposition des Grundsteins». In: *Rudolf Steiners Grundsteinlegung vom 20. September 1913.*

41 Zit. n. Erika von Baravalle: «‹Es werde verhüllt!› Zum Vorgang und Wortlaut des Grundsteinlegungsaktes für das Erste Goetheanum». In: *Das Goetheanum. Nachrichtenblatt für Mitglieder.* Nr. 38, 2003. Wiederabgedruckt in: *Rudolf Steiners Grundsteinlegung vom 20. September 1913.*

42 Vgl. Rudolf Steiner: *Das Initiaten-Bewusstsein. Die wahren und die falschen Wege der geistigen Forschung.* GA 243. Dornach [6]2004, S. 54f. (Vortrag vom 13.8.1924). Vgl. a. Erika von Baravalle: «Zur Komposition des Grundsteins». In: *Rudolf Steiners Grundsteinlegung vom 20. September 1913.*

43 Vgl. Rudolf Steiner: *Anthroposophische Leitsätze. Der Erkenntnisweg der Anthroposophie – Das Michael-Mysterium.* GA 26, S. 197ff. – Zum zeitlichen und thematischen Umkreis dieser Niederschrift vgl. Peter Selg: *Rudolf Steiner. 1861 –*

1925. Lebens- und Werkgeschichte. 3. Band. Arlesheim 2012, S. 2090ff.

44 Vgl. hierzu auch Rudolf Steiner: *Anthroposophische Leitsätze.* GA 26, S. 94ff. («Menschheitszukunft und Michael-Tätigkeit»)

45 Ebd., S. 200.

46 Vgl. Rudolf Steiner: *Die Brücke zwischen der Weltgeistigkeit und dem Physischen des Menschen. Die Suche nach der neuen Isis, der göttlichen Sophia.* GA 202. Dornach [4]1993, S. 187ff. (Vortrag vom 18.12.1920) und Peter Selg: *«Die beseelte Menschen-Sonne». Eine Herz-Meditation Rudolf Steiners.* Arlesheim 2011, S. 23ff.

47 Rudolf Steiner: *Mantrische Sprüche. Seelenübungen. Band II.* GA 268, S. 344 (Ansprache zur Grundsteinlegung am 20.9.1913).

48 Ebd.

49 Ebd., S. 345.

50 Vgl. hierzu Sergej O. Prokofieff: *Das Rätsel des menschlichen Ich. Eine anthroposophische Betrachtung.* Dornach [2]2013, S. 10ff.

51 Rudolf Steiner: *Mantrische Sprüche. Seelenübungen. Band II.* GA 268, S. 346 (Ansprache zur Grundsteinlegung am 20.9.1913).

52 Vgl. hierzu Fritz Götte: «Der Menschenseele ‹Sehnsuchtsschrei nach dem Geiste›». In: *Mitteilungen aus der anthroposophischen Arbeit in Deutschland.* Michaeli 1973. Wiederabgedruckt in: *Rudolf Steiners Grundsteinlegung vom 20. September 1913.*

53 Vgl. hierzu Sergej O. Prokofieff: *Das Mysterium der Auferstehung im Lichte der Anthroposophie.* Stuttgart 2008, S. 33ff. sowie «Das Mysterium der Auferstehung im Lichte des Fünften Evangeliums». In: Sergej O. Prokofieff / Peter Selg: *Die Wiederkunft des Christus im Ätherischen. Zum Fünften Evangelium.* Arlesheim 2009, S. 59ff. und «Das Wesen des Ersten Goetheanum und das Mysterium von Golgatha». In: Sergej O. Prokofieff / Peter Selg: *Das Erste Goetheanum und seine christologischen Grundlagen.* Arlesheim 2009, S. 78ff.

54 «Mit einer Taufe muss ich getauft werden, und wie ist mir bang

(wie werde ich zusammengepresst), bis sie vollendet ist.» (Lk 12, 50; Übersetzung von Rudolf Frieling) – Zum Zusammenhang von Taufe und Golgatha aus geisteswissenschaftlicher Perspektive vgl. PETER SELG: *Das Ereignis der Jordantaufe. Epiphanias im Urchristentum und in der Anthroposophie Rudolf Steiners.* Stuttgart 2008, S. 63ff.

55 RUDOLF STEINER: *Mantrische Sprüche. Seelenübungen. Band II.* GA 268, S. 348 (Ansprache zur Grundsteinlegung am 20.9.1913).

56 Ebd., S. 341. – Vgl. hierzu auch PETER SELG: *Das Vaterunser in der Darstellung Rudolf Steiners.* Stuttgart [2]2013, S. 42ff.

57 Vgl. PETER SELG: *Rudolf Steiner und die Freie Hochschule für Geisteswissenschaft. Die Begründung der «Ersten Klasse».* Arlesheim 2009, S. 32ff.

58 Vgl. PETER SELG: *Rudolf Steiner und Christian Rosenkreutz,* S. 86ff.

59 Vgl. hierzu die Studie von ANDREAS NEIDER: *Michael und die Apokalypse des 20. Jahrhunderts. Das Jahr 1913 im Lebensgang Rudolf Steiners.* Stuttgart 2013.

60 In: RUDOLF STEINER: *Schicksalszeichen auf dem Entwickelungswege der Anthroposophischen Gesellschaft.* Dornach 1943, S. 36. Vgl. zu Rudolf Steiners Ansprache vom 19.9.1914 auch PETER SELG: *Die Gestalt Christi. Rudolf Steiner und die geistige Intention des zentralen Goetheanum-Kunstwerkes.* Arlesheim [2]2009, S. 18ff.

61 CHRISTIAN MORGENSTERN: *Werke und Briefe. Band II. Lyrik 1906 – 1914.* Stuttgarter Ausgabe. Hg. Martin Kießig. Stuttgart 1992, S. 205.

62 RUDOLF STEINER: *Mantrische Sprüche. Seelenübungen. Band II.* GA 268, S. 344 (Ansprache zur Grundsteinlegung am 20.9.1913).

63 Ebd.

64 In: ERIKA VON BARAVALLE (HG.): *Rudolf Steiners Grundsteinlegung vom 20. September 1913.*

65 RUDOLF STEINER: *Die Weltgeschichte in anthroposophischer Beleuchtung und als Grundlage der Erkenntnis des Menschengeistes.* GA 233. Dornach [5]1991, S. 147 (Hv. v. V.).

66 Rudolf Steiner: *Zur Geschichte und aus den Inhalten der ersten Abteilung der Esoterischen Schule 1904 – 1914.* GA 264. Dornach ^{2}1996, S. 431 (Vortrag vom 15.12.1911).

67 Rudolf Steiner: *Mantrische Sprüche. Seelenübungen. Band II.* GA 268, S. 344 (Ansprache zur Grundsteinlegung am 20.9.1913).

68 Zit. n. Erika von Baravalle: «‹Es werde verhüllt!› Zum Vorgang und Wortlaut des Grundsteinlegungsaktes für das Erste Goetheanum». In: *Das Goetheanum. Nachrichtenblatt für Mitglieder.* Nr. 38, 2003. Wiederabgedruckt in: *Rudolf Steiners Grundsteinlegung vom 20. September 1913.*

69 Rudolf Steiner: *Individuelle Geistwesen und ihr Wirken in der Seele des Menschen.* GA 178. Dornach ^{4}1992, S. 175 (Vortrag vom 18.11.1917).

70 Rudolf Steiner: *Das esoterische Christentum und die geistige Führung der Menschheit.* GA 130. Dornach ^{4}1995, S. 235 (Vortrag vom 27.1.1912).

71 Rudolf Steiner: *Wege zu einem neuen Baustil. «Und der Bau wird Mensch».* GA 286. Dornach ^{3}1982, S. 25 (Vortrag vom 12.12.1911).

72 Vgl. Peter Selg: *Die Gestalt Christi. Rudolf Steiner und die geistige Intention des zentralen Goetheanum-Kunstwerkes.* Arlesheim ^{2}2009 und Sergej O. Prokofieff: *Die Skulpturgruppe Rudolf Steiners. Eine Offenbarung des geistigen Zieles der Menschheit und der Erde.* Dornach 2011.

73 Rudolf Steiner: *Mantrische Sprüche. Seelenübungen. Band II.* GA 268, S. 346.

74 Rudolf Steiner: *Kunst- und Lebensfragen im Lichte der Geisteswissenschaft.* GA 162. Dornach ^{2}2000, S. 46f. (Vortrag vom 24.5.1915).

75 Marie Steiner (Hg.): *Die Sehnsucht der Seelen nach Geist. Ein Zeichen der Zeit. Worte Rudolf Steiners am ersten Jahrestag der Grundsteinlegung des Goetheanum in Dornach am 20. September 1914.* Dornach 1938, S. 20.

76 Vgl. Rudolf Steiner: *Menschliches Seelenleben und Geistesstreben im Zusammenhange mit Welt- und Erdenentwicklung.* GA 212. Dornach ^{2}1998, S. 122ff. (Vortrag vom 26.5.1922) und

Peter Selg: *Mysterium cordis. Studien zu einer sakramentalen Physiologie des Herzorganes. Aristoteles, Thomas von Aquin, Rudolf Steiner.* Dornach 2006, S. 121ff.

77 Rudolf Steiner: *Esoterische Betrachtungen karmischer Zusammenhänge. Vierter Band.* GA 238. Dornach [6]1991, S. 73 (Vortrag vom 12.9.1924).

78 «Das, meine lieben Freunde, soll der Zug sein, der in die anthroposophische Bewegung seit der Weihnachtstagung hineingekommen ist: dass in ganz unverhohlener, unbefangener Weise mit voller Erkenntnisbesinnung von den übersinnlichen Tatsachen gehandelt wird. Das soll der esoterische Zug sein, der durch die anthroposophische Bewegung geht. Erst dadurch wird es möglich sein, der anthroposophischen Bewegung ihren wirklichen spirituellen Inhalt zu geben.» (Ebd., S. 72)

79 Ebd., S. 73.

80 Ebd., S. 72.

81 Rudolf Steiner: *Esoterische Betrachtungen karmischer Zusammenhänge. Dritter Band.* GA 237. Dornach [8]1991, S. 111 (Vortrag vom 28.7.1924).

82 Vgl. die diesbezüglichen Forschungsergebnisse Rudolf Steiners in Peter Selg: *Das Kind als Sinnes-Organ. Zur Anthropologie der Nachahmungsvorgänge.* Arlesheim 2013 (in Vorbereitung).

83 Rudolf Steiner: *Esoterische Betrachtungen karmischer Zusammenhänge. Sechster Band.* GA 240. Dornach [5]1992, S. 168 (Vortrag vom 19.7.1924).

84 In seinem Vortrag in Torquay am 21. August 1924 betonte Rudolf Steiner, dass Michael und die Seinen den Christus «zur Zeit des Mysteriums von Golgatha die Sonne verlassen» sahen (ebd., S. 239). Da Rudolf Steiner in seinen Vorträgen zum «Fünften Evangelium» geltend machte, dass die restlose oder vollständige Inkarnation des Christus-(Sonnen-)Geistes in den Leib des Jesus von Nazareth erst auf Golgatha, zum Zeitpunkt des Todes, geschah, vollendete sich damit sehr wahrscheinlich auch erst der spirituelle «Auszug» aus der Sonne.

85 Vgl. Sergej O. Prokofieff: *Und die Erde wird zur Sonne. Zum Mysterium der Auferstehung.* Arlesheim 2012.

86 Christian Morgenstern: *Werke und Briefe. Band II. Lyrik 1906 – 1914.* Stuttgarter Ausgabe, S. 222.

87 «Solange die Erde besteht, hat Michael die kosmische Intelligenz verwaltet.» (Rudolf Steiner: *Esoterische Betrachtungen karmischer Zusammenhänge. Sechster Band.* GA 240, S. 238 (Vortrag vom 21.8.1924).

88 Ebd., S. 167 (Vortrag vom 19.7.1924).

89 Zu Aristoteles' Bezug zu den Mysterien von Eleusis und Ephesus, den «chthonischen» Mysterien und denjenigen der Kabiren («Wer sich in die Mysterien einweihen lässt, soll nicht etwas lernen, sondern etwas erleben und sich in eine Stimmung versetzen lassen, die ihn empfänglich macht – vorausgesetzt, dass er dieses Zustandes überhaupt fähig ist.» Aristoteles: *Fragmentum.* 15. Zit. n. J.-M. Zemb: *Aristoteles.* Hamburg [16]2002, S. 147) vgl. u.a. Rudolf Steiners Vorträge vom 15.12.1923, 26.12.1923 und 27.12.1923 (*Die Weltgeschichte in anthroposophischer Beleuchtung;* GA 233) sowie vom 22.4.1924 (*Mysterienstätten des Mittelalters;* GA 233a). Zum bewusstseinsgeschichtlichen Schritt von Plato zu Aristoteles im Hinblick auf die progressive «Inkarnation» der Gedankenkraft sagte Rudolf Steiner am 29.12.1923 in Dornach: «Man versuche es nur einmal mit innerer, spiritueller, auf Meditation gegründeter Erfahrung, den Unterschied herauszufinden zwischen dem Lesen des Plato und dem Lesen des Aristoteles. Wenn ein moderner Mensch mit einer wirklichen, richtigen geistigen Empfindung und Grundlage einer gewissen Meditation Plato liest, dann fühlt er nach einiger Zeit so, wie wenn sein Kopf etwas höher als der physische Kopf wäre, wie wenn er etwas herausgekommen wäre aus seinem physischen Organismus. Es ist das unbedingt bei demjenigen, der nicht nur ganz grob Plato liest, durchaus der Fall. Bei Aristoteles ist das anders. Bei Aristoteles wird man niemals die Empfindung gewinnen können, dass man durch die Lektüre außer den Körper kommt. Aber wenn man den Aristoteles auf Grundlage einer gewissen meditativen Vorbereitung liest, dann wird man das Gefühl haben: Er arbeitet gerade in dem physischen Menschen. Der physische Mensch kommt gerade durch Aristoteles vorwärts.

Es arbeitet. Es ist nicht eine Logik, die man bloß betrachtet, sondern es ist eine Logik, die innerlich arbeitet.» (*Die Weltgeschichte in anthroposophischer Beleuchtung*; GA 233, S. 107f.)

90 Christian Morgenstern: *Werke und Briefe. Band II. Lyrik 1906 – 1914*. Stuttgarter Ausgabe, S. 223.

91 Rudolf Steiner: «Im Anbruch des Michael-Zeitalters». In: *Anthroposophische Leitsätze*. GA 26, S. 59.

92 Rudolf Steiner: *Esoterische Betrachtungen karmischer Zusammenhänge. Sechster Band*. GA 240, S. 169 (Vortrag vom 19.7.1924).

93 Ebd., S. 150f. (Vortrag vom 18.7.1924)

94 Thomas von Aquin: *Über die Einheit des Geistes (De unitate intellectus)*. Stuttgart 1987, S. 90.

95 Rudolf Steiner: *Esoterische Betrachtungen karmischer Zusammenhänge. Vierter Band*. GA 238, S. 66 (Vortrag vom 12.9.1924).

96 Rudolf Steiner: *Esoterische Betrachtungen karmischer Zusammenhänge. Dritter Band*. GA 237, S. 111 (Vortrag vom 28.7.1924).

97 «[Michael] sucht nach einer neuen Metamorphose seiner kosmischen Aufgabe. Er ließ vorher von der geistigen Außenwelt her die Gedanken in die Seelen der Menschen strömen; vom letzten Drittel des neunzehnten Jahrhunderts an will er *in* den Menschenseelen leben, in denen die Gedanken gebildet werden. [...] Diese Geistigkeit [des Menschen] muss nun im Michael-Zeitalter nicht mehr unbewusstes *Erleben* bleiben, sondern sich ihrer Eigenart bewusst werden. Das bedeutet den Eintritt der Michael-Wesenheit in die menschliche Seele.» (Rudolf Steiner: *Anthroposophische Leitsätze*. GA 26, S. 61/66) Es sei, so betonte Rudolf Steiner an anderer Stelle, Michaels Absicht, «dass in Zukunft die Intellektualität durch die Herzen der Menschen ströme, aber als dieselbe Kraft, die sie ausströmend aus den göttlich-geistigen Mächten schon im Anfange war.» (Ebd., S. 114)

98 Über das geistige Leben der Schule von Chartres sagte Rudolf Steiner am 12.9.1924 in Dornach unter anderem: «Man schaut hinein in dieses Getriebe, sieht, wie der Lehrer von Chartres auf dem Erdenboden wandelt, seine von Schauungen durch-

drungenen Studien absolviert und der inspirierende Strahl von der aristotelischen Seele vom Überirdischen hereinfällt und dasjenige in die richtigen Bahnen bringt, was platonisch gefärbt ist. Man bekommt dann eine ganz andere Anschauung von dem Leben, als sie sehr häufig vorhanden ist. Denn in dem äußeren Leben unterscheidet man so gern Platoniker und Aristoteliker wie Gegensätze. Das ist ja in der Wirklichkeit gar nicht so. Die Zeitepochen der Erde erfordern, dass bald im platonischen, bald im aristotelischen Sinne gesprochen werde. Aber wenn man das übersinnliche Leben im Hintergrunde des sinnlichen Lebens überschaut, so befruchtet das eine das andere, steckt das eine in dem anderen darinnen.» (*Esoterische Betrachtungen karmischer Zusammenhänge. Vierter Band.* GA 238, S. 66f.)

99 Rudolf Steiner: *Esoterische Betrachtungen karmischer Zusammenhänge. Dritter Band.* GA 237, S. 101 (Vortrag vom 13.7.1924).

100 Vgl. die entsprechenden Forschungsergebnisse Rudolf Steiners in Peter Selg: *Ungeborenheit. Die Präexistenz des Menschen und der Weg zur Geburt.* Arlesheim [2]2010, S. 38ff.

101 Ebd., S. 38.

102 Rudolf Steiner: *Esoterische Betrachtungen karmischer Zusammenhänge. Sechster Band.* GA 240, S. 191 (Vortrag vom 20.7.1924).

103 Ebd., S. 248 (Vortrag vom 21.8.1924). Dort führte Rudolf Steiner weiter erläuternd aus: «Es wurde aber eine große mächtige, übersinnliche Weisheitsinstitution unter der Führung Michaels selber gegründet, wo alle die Seelen vereinigt wurden, die noch heidnisch angehaucht waren, die aber nach dem Christentum strebten, auch diejenigen Seelen, die in den ersten christlichen Jahrhunderten schon einmal mit dem Christentum im Herzen, wie es damals vorhanden war, auf der Erde gelebt hatten. Eine Michael-Schar bildete sich aus, die in übersinnlichen Regionen, in der geistigen Welt aufnahm jene Lehren der Michael-Lehrer aus der alten Alexanderzeit, der Michael-Lehrer aus der Zeit der Gralstradition, der Michael-Lehrer auch, wie sie in solchen Impulsen wie

dem Artusimpuls vorhanden waren. Alle möglichen christlich nuancierten Seelen fühlten sich hingezogen zu dieser Michaels-Gemeinschaft […].» (Ebd., S. 248f.)

104 RUDOLF STEINER: *Esoterische Betrachtungen karmischer Zusammenhänge. Dritter Band.* GA 237, S. 112 (Vortrag vom 28.7.1924).

105 Ebd., S. 113.

106 «Das war etwas, was sozusagen herausfiel aus all den sonstigen, regelmäßig fortgehenden Taten unter Göttern und Menschen. Die mit Michael verbundenen Seelen – die führenden Menschenseelen der Alexanderzeit, diejenigen der großen Dominikanerzeit und die, welche sich als weniger führende um sie geschart hatten, und eine große Anzahl von strebenden, sich entwickelnden Menschen im Verein mit führenden Geistern –, sie fühlten sich wie herausgerissen aus dem althergebrachten Zusammenhange mit der geistigen Welt. Da wurde von den Menschenseelen, die prädestiniert waren, Anthroposophen zu werden, im Übersinnlichen etwas erlebt, was früher niemals in den überirdischen Regionen von Menschenseelen zwischen Tod und neuer Geburt erlebt worden ist. Früher wurde eben erlebt, dass in der Zeit zwischen Tod und neuer Geburt von den Menschenseelen im Verein mit führenden geistigen Wesenheiten das Karma für die künftige Erdenexistenz ausgearbeitet worden ist. Aber so ausgearbeitet wurde früher kein Karma, wie jetzt das Karma derjenigen, die durch die angegebenen Dinge prädestiniert waren, Anthroposophen zu werden. Niemals arbeitete man in der Sonnenregion früher zwischen Tod und neuer Geburt so, wie jetzt unter der von Erdenangelegenheiten frei gewordenen Herrschaft des Michael gearbeitet werden konnte.» (*Esoterische Betrachtungen karmischer Zusammenhänge. Sechster Band.* GA 240, S. 187; Vortrag vom 20.7.1924)

107 RUDOLF STEINER: *Esoterische Betrachtungen karmischer Zusammenhänge. Dritter Band.* GA 237, S. 116 (Vortrag vom 28.7.1924).

108 RUDOLF STEINER: *Esoterische Betrachtungen karmischer*

Zusammenhänge. Sechster Band. GA 240, S. 190 (Vortrag vom 20.7.1924).

109 Rudolf Steiner: *Esoterische Betrachtungen karmischer Zusammenhänge. Dritter Band.* GA 237, S. 113f. (Vortrag vom 28.7.1924); vgl. a. Rudolf Steiner: «Die Weltgedanken im Wirken Michaels und im Wirken Ahrimans». In: *Anthroposophische Leitsätze.* GA 26, S. 114ff.

110 Rudolf Steiner: *Esoterische Betrachtungen karmischer Zusammenhänge. Dritter Band.* GA 237, S. 114 (Vortrag vom 28.7.1924).

111 Rudolf Steiner: *Esoterische Betrachtungen karmischer Zusammenhänge. Sechster Band.* GA 240, S. 213 (Vortrag vom 12.8.1924).

112 Rudolf Steiner: *Esoterische Betrachtungen karmischer Zusammenhänge. Dritter Band.* GA 237, S. 117 (Vortrag vom 28.7.1924).

113 Rudolf Steiner: *Esoterische Betrachtungen karmischer Zusammenhänge. Sechster Band.* GA 240, S. 177 (Vortrag vom 19.7.1924).

114 Rudolf Steiner: *Esoterische Betrachtungen karmischer Zusammenhänge. Vierter Band.* GA 238, S. 92 (Vortrag vom 16.9.1924).

115 Rudolf Steiner: *Esoterische Betrachtungen karmischer Zusammenhänge. Sechster Band.* GA 240, S. 179 (Vortrag vom 19.7.1924; Hv. v. V.).

116 Rudolf Steiner: *Esoterische Betrachtungen karmischer Zusammenhänge. Dritter Band.* GA 237, S. 53 (Vortrag vom 6.7.1924; Hv. v. V.).

117 Rudolf Steiner: *Die Verbindung zwischen Lebenden und Toten.* GA 168. Dornach [4]1995, S. 56 (Vortrag vom 18.2.1916).

118 Rudolf Steiner: *Esoterische Betrachtungen karmischer Zusammenhänge. Sechster Band.* GA 240, S. 145f. (Vortrag vom 18.7.1924; Hv. v. V.)

119 Rudolf Steiner: *Esoterische Betrachtungen karmischer Zusammenhänge. Dritter Band.* GA 237, S. 53 (Vortrag vom 6.7.1924).

120 Rudolf Steiner: *Esoterische Betrachtungen karmischer*

Zusammenhänge. Vierter Band. GA 238, S. 173 (Vortrag vom 28.9.1924).

121 Vgl. zu diesem «Sammeln» von Menschen, die zur Schicksalsgruppe der Michael-Strömung gehören: Rudolf Steiner: *Esoterische Betrachtungen karmischer Zusammenhänge. Dritter Band.* GA 237, S. 102 (Vortrag vom 1.7.1924).

122 So Rudolf Steiner zu Willem Zeylmans van Emmichoven bei ihrer ersten Begegnung am 17.12.1920 in der Dornacher Schreinerei. Vgl. Peter Selg: *Willem Zeylmans van Emmichoven. Anthroposophie und Anthroposophische Gesellschaft im 20. Jahrhundert.* Arlesheim 2009, S. 41. – Im Hinblick auf seine ersten Eindrücke von Rudolf Steiner zu Beginn seines Vortrages hielt Zeylmans fest: «Draußen war es bitterkalt; Dornach lag im Schnee. Plötzlich ging der blaue Vorhang neben der Bühne auf, und Rudolf Steiner, den ich von Bildern kannte, ging zum Rednerpult. In diesem Augenblick hatte ich das unmittelbare Erlebnis des Wiedererkennens. Das ging soweit, dass gleichzeitig eine ganze Reihe von Bildern auftauchte, unbestimmt auf frühere Situationen hindeutend, als sehe ich ihn als meinen Lehrer durch die Jahrtausende. Es war das mächtigste Erlebnis, das ich in meinem ganzen Leben gehabt habe. Lange saß ich wie geistesabwesend da [...].» (Ebd., S. 37)

123 Vgl. im Hinblick auf den miterlebten Kultus Anfang des 19. Jahrhunderts und das ein Jahrhundert später erfolgende *«Zusammenströmen»* der beteiligten Menschenseelen in der Anthroposophischen Gesellschaft: Rudolf Steiner: *Esoterische Betrachtungen karmischer Zusammenhänge. Sechster Band.* GA 240, S. 145 (Vortrag vom 18.7.1924).

124 Rudolf Steiner: *Zur Geschichte und aus den Inhalten der erkenntniskultischen Abteilung der Esoterischen Schule von 1904 – 1914.* GA 265, S. 465. Vgl. hierzu J. Emanuel Zeylmans van Emmichoven: *Die Erkraftung des Herzens. Eine Mysterienschulung der Gegenwart. Rudolf Steiners Zusammenarbeit mit Ita Wegman.* Arlesheim 2009, S. 110ff.

125 Vgl. Rudolf Steiner: *Okkulte Geschichte. Esoterische Betrachtungen karmischer Zusammenhänge von Persönlichkeiten und Ereignissen der Weltgeschichte.* GA 126. Dornach [5]1992.

126 Vgl. Peter Selg: «Rudolf Steiner und der Bau des Ersten Goetheanum». In: SERGEJ O. PROKOFIEFF/PETER SELG: *Das Erste Goetheanum und seine christologischen Grundlagen.* Arlesheim 2009, S. 9ff.

127 Vgl. insbesondere die Londoner Vorträge vom 1. und 2.5.1913 und den Stuttgarter Vortrag vom 20. Mai. In: *Vorstufen zum Mysterium von Golgatha.* GA 152. Dornach [3]1990; s.a. ANDREAS NEIDER: *Michael und die Apokalypse des 20. Jahrhunderts. Das Jahr 1913 im Lebensgang Rudolf Steiners.* Stuttgart 2013.

128 RUDOLF STEINER: *Die Konstitution der Allgemeinen Anthroposophischen Gesellschaft und der Freien Hochschule für Geisteswissenschaft. Der Wiederaufbau des Goetheanum.* GA 260a. Dornach [2]1987, S. 105 (Vortrag vom 18.1.1924).

129 RUDOLF STEINER: *Esoterische Betrachtungen karmischer Zusammenhänge. Dritter Band.* GA 237, S. 140 (Vortrag vom 3.8.1924).

130 RUDOLF STEINER: *Die Konstitution der Allgemeinen Anthroposophischen Gesellschaft und der Freien Hochschule für Geisteswissenschaft.* GA 260a, S.115 (Vortrag vom 30.1.1924).

131 Ebd., S. 270 (Vortrag vom 1.1.1924).

132 RUDOLF STEINER: *Esoterische Betrachtungen karmischer Zusammenhänge. Sechster Band.* GA 240, S. 183 (Vortrag vom 19.7.1924).

133 SERGEJ O. PROKOFIEFF: *Die Esoterik der Anthroposophischen Gesellschaft,* S. 23.

134 Vgl. SERGEJ O. PROKOFIEFF: *Die Erste Klasse der Michael-Schule und ihre christologischen Grundlagen.* Dornach 2009 und PETER SELG: *Rudolf Steiner und die Freie Hochschule für Geisteswissenschaft. Die Begründung der «Ersten Klasse».* Arlesheim 2009.

135 Vgl. SERGEJ O. PROKOFIEFF: «Die Mysterienhandlung der Grundsteinlegung». In: *Menschen mögen es hören. Das Mysterium der Weihnachtstagung.* Stuttgart [1]2002, S. 116ff.

136 RUDOLF STEINER: *Esoterische Betrachtungen karmischer Zusammenhänge. Sechster Band.* GA 240, S. 188 (Vortrag vom 20.7.1924).

137 Ebd. S. 157 (Vortrag vom 18.7.1924).

138 Rudolf Steiner: *Der Goetheanumgedanke inmitten der Kulturkrisis der Gegenwart. Gesammelte Aufsätze aus der Wochenschrift «Das Goetheanum» 1921 – 1925.* GA 36. Dornach [1]1961, S. 309.

139 Rudolf Steiner: *Esoterische Betrachtungen karmischer Zusammenhänge. Sechster Band.* GA 240, S. 307 (Vortrag vom 27.8.1924).

140 Rudolf Steiner: *Esoterische Betrachtungen karmischer Zusammenhänge. Dritter Band.* GA 237, S. 142 (Vortrag vom 3.8.1924).

141 Vgl. Peter Selg: *Rudolf Steiner. 1861 – 1925. Lebens- und Werkgeschichte.* 3. Band, S. 1959ff.

142 Rudolf Steiner: *Esoterische Betrachtungen karmischer Zusammenhänge. Sechster Band.* GA 240, S. 161 (Vortrag vom 18.7.1924).

143 Friedrich Rittelmeyer: *Meine Lebensbegegnung mit Rudolf Steiner.* Stuttgart [10]1983, S. 156f.

144 Vgl. hierzu Sergej O. Prokofieff: «Rudolf Steiner und das Karma der Anthroposophischen Gesellschaft». In: *Die Esoterik der Anthroposophischen Gesellschaft,* S. 107ff. (V. a. S. 117f.)

145 Marie Steiner: «An die Mitgliedschaft der Anthroposophischen Gesellschaft in der Schweiz». In: *Das Goetheanum. Nachrichtenblatt für Mitglieder.* Nr. 51, 20.12.1942.

146 Rudolf Steiner: *Aus den Inhalten der esoterischen Stunden (Band I: 1904 – 1909).* GA 266a. Dornach [2]2007, S. 262 (Esoterische Stunde vom 23.10.1907).

147 Zur diesbezüglichen Bilanz des 20. Jahrhunderts vgl. a. die große Studie des Historikers Eric Hobsbawm (1917 – 2012): *Das Zeitalter der Extreme. Weltgeschichte des 20. Jahrhunderts.* München [2]2002.

148 Rudolf Steiner: *Esoterische Betrachtungen karmischer Zusammenhänge. Dritter Band.* GA 237, S. 127 (Vortrag vom 1.8.1924). Vgl. hierzu u.a. Hans Peter van Manen: *Wiederkunft und Heimsuchung.* Dornach 2011; Andreas Neider: *Der Mensch zwischen Über- und Unternatur. Das Erwachen des Bewusstseins im Ätherischen und die Gefährdung der freien Kräfte.*

Stuttgart 2012; Rudolf Steiner: *Der elektronische Doppelgänger und die Entstehung der Computertechnik.* Hg. Andreas Neider. Basel 2012.

149 Vgl. hierzu Peter Selg: *Ungeborenheit. Die Präexistenz des Menschen und der Weg zur Geburt*, S. 53ff.

150 Rudolf Steiner: *Esoterische Betrachtungen karmischer Zusammenhänge. Dritter Band.* GA 237, S. 136 (Vortrag vom 3.8.1924).

151 Vgl. Sergej O. Prokofieff: «Das Wesen der Weihnachtstagung und ihre Inspirationsquellen». In: Sergej O. Prokofieff/Peter Selg: *Die Weihnachtstagung und die Begründung der neuen Mysterien.* Arlesheim 2011, S. 94ff.

152 Rudolf Steiner: *Die Konstitution der Allgemeinen Anthroposophischen Gesellschaft und der Freien Hochschule für Geisteswissenschaft. Der Wiederaufbau des Goetheanum.* GA 260a. Dornach [2]1987, S. 99 (Vortrag vom 18.1.1924).

153 Vgl. Sergej O. Prokofieff: *Die Begegnung mit dem Bösen und seine Überwindung in der Geisteswissenschaft. Der Grundstein des Guten.* Dornach [2]2003, S. 87.

154 Sergej O. Prokofieff: *Wie stehen wir heute vor Rudolf Steiner?* Arlesheim 2012, S. 46.

155 Rudolf Steiner: *Anthroposophische Leitsätze.* GA 26, S. 73.

156 Sergej O. Prokofieff: *Die Esoterik der Anthroposophischen Gesellschaft*, S. 61.

157 Ebd., S. 157.

158 Ebd., S. 125.

159 Ebd., S. 126.

160 Rudolf Steiner: *Esoterische Betrachtungen karmischer Zusammenhänge. Sechster Band.* GA 240, S. 183 (Vortrag vom 19.7.1924).

161 Vgl. hierzu Sergej O. Prokofieff: «Das Wesen der Weihnachtstagung und ihre Inspirationsquellen». In: Sergej O. Prokofieff/Peter Selg: *Die Weihnachtstagung und die Begründung der neuen Mysterien.* Arlesheim 2011, S. 43ff.

162 Rudolf Steiner: *Esoterische Betrachtungen karmischer Zusammenhänge. Sechster Band.* GA 240, S. 307 (Vortrag vom 27.8.1924).

163 Sergej O. Prokofieff: *Die Esoterik der Anthroposophischen Gesellschaft*, S. 163.
164 Madeleine P. van Deventer: *Brief an Emanuel Zeylmans van Emmichoven*, 27.12.1982. Ita Wegman Institut, Arlesheim.
165 Sergej O. Prokofieff: *Die Esoterik der Anthroposophischen Gesellschaft*, S. 160.
166 Ita Wegman: *An die Freunde. Aufsätze und Berichte aus den Jahren 1925 – 27*. Arlesheim [3]1986, S. 38.
167 Sergej O. Prokofieff: *Die Esoterik der Anthroposophischen Gesellschaft*, S. 80.
168 Rudolf Steiner: *Der Jahreskreislauf als Atmungsvorgang der Erde und die vier großen Festeszeiten*. GA 223. Dornach [7]1990, S. 118 (Vortrag vom 28.9.1913).
169 Rudolf Steiner: *Die Weihnachtstagung zur Begründung der Allgemeinen Anthroposophischen Gesellschaft 1923/24*. GA 260. Dornach [5]1994, S. 280 (Vortrag vom 1.1.1924).
170 Sergej O. Prokofieff: *Menschen mögen es hören. Das Mysterium der Weihnachtstagung*. Stuttgart [1]2002, S. 619.
171 Rudolf Steiner: *Mantrische Sprüche. Seelenübungen. Band II*. GA 268. Dornach [1]1999, S. 350 (Ansprache zur Grundsteinlegung am 20.9.1913).
172 Sergej O. Prokofieff: *Die Esoterik der Anthroposophischen Gesellschaft*, S. 11.
173 J. Emanuel Zeylmans van Emmichoven: *Die Erkraftung des Herzens*, S. 297.

Sergej O. Prokofieff

Und die Erde wird zur Sonne

Zum Mysterium der Auferstehung

616 Seiten, Leinen mit Schutzumschlag,
16 farbige Abbildungen und zahlreiche schwarzweiße Grafiken,
ISBN 978-3-905919-43-1

Im Werk Rudolf Steiners kann man immer wieder Fragen finden, deren Antwort er selbst nur andeutet oder die Richtung für weitere Forschungen weist. Dies erlebt man auch und besonders auf dem Gebiet der anthroposophischen Christologie. Versucht man dann einer Lösung näher zu kommen, so entdeckt man bald, dass dasjenige, was einem vielleicht jahrelang als ein Widerspruch erschien oder ein zunächst unlösbares Problem darstellte, sich plötzlich so klärt, dass sich daraus ganz neue und überraschende Perspektiven ergeben. Einige solcher Perspektiven wird man in der vorliegenden Publikation finden.
Das Ziel dieser Darstellung ist es, die geistige Dimension der christologischen Forschung Rudolf Steiners zu erschließen, ihre Bedeutung und Wichtigkeit für unsere Zeit sichtbar zu machen und in eine Perspektive zur gesamten Menschheitsentwicklung zu stellen.

VERLAG DES ITA WEGMAN INSTITUTS

Peter Selg

Das Wesen und die Zukunft der Anthroposophischen Gesellschaft

80 Seiten, 1 Abbildung, Broschur,
ISBN 978-3-905919-50-9

Den Vortrag «Wesen und Zukunft der Anthroposophischen Gesellschaft» hielt Peter Selg am Michaelstag des Jahres 2012 – im Rahmen der Kölner Tagung «ZeitZeichenZwölf» anlässlich des 100-jährigen Bestehens der Anthroposophischen Gesellschaft. Er handelt von Licht und Finsternis, vom gelebten und ungelebten Leben, von Tragik und Hoffnung – von Rudolf Steiner und Köln, dem Fünften Evangelium, Louis Werbeck und Sergej O. Prokofieff. «Innerhalb der Anthroposophen-Schar hätte das ein Gefühl, eine Empfindung werden müssen – muss es werden! –: dass Anthroposophie, ganz abgesehen davon, dass es Anthroposophen gibt, als ein selbständiges Wesen angesehen werden muss, gewissermaßen wie etwas, was unter uns herumgeht, dem gegenüber wir verantwortlich sind in jedem Augenblicke unseres Lebens.» (Rudolf Steiner)

VERLAG DES ITA WEGMAN INSTITUTS

ITA WEGMAN INSTITUT FÜR ANTHROPOSOPHISCHE GRUNDLAGENFORSCHUNG

Im Ita Wegman Institut für anthroposophische Grundlagenforschung wird die von Dr. phil. Rudolf Steiner (1861 – 1925) in Schrift- und Vortragsform entwickelte anthroposophische Geisteswissenschaft ideengeschichtlich aufgearbeitet, unter werkbiographischer Akzentuierung und im Kontext der Wissenschafts- und Sozialgeschichte des 19. und 20. Jahrhunderts.

Das Institut unterhält mehrere, öffentlich zugängliche Arbeitsarchive, die auf den Nachlässen von wegweisenden Mitarbeitern Rudolf Steiners beruhen, insbesondere im Bereich der Medizin, Heilpädagogik und Pädagogik (Ita Wegman Archiv, Hilma Walter Archiv, Willem Zeylmans van Emmichoven Archiv, Karl König Archiv und Karl Schubert Archiv).

Die Arbeiten des Ita Wegmans Instituts werden von verschiedenen Stiftungen – in erster Linie der Software AG-Stiftung (Darmstadt) – sowie einem internationalen Freundes- und Förderkreis unterstützt.

Pfeffinger Weg 1A · CH 4144 Arlesheim · Schweiz
Leitung: Prof. Dr. P. Selg
www.wegmaninstitut.ch · Email: sekretariat@wegmaninstitut.ch